역 사 와 문 화 를 통 한

코카서스 3국
들여다보기

역사와 문화를 통한

코카서스 3국
들여다보기

윤창용 지음

❋ ❋ ❋

조지아
아르메니아
아제르바이잔

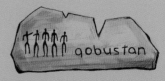

HU:iNE

CAUCASUS

머리말

 최근에 우리나라에서 코카서스 지방에 대한 관심이 높아지고 있다. TV에서 방영되는 내용들이 여행과 음식에 관한 이야기가 주를 이루고 국민들의 해외여행이 일상화 되어있는 환경에서 TV 여행프로그램들이 이 지역을 몇 번인가 소개했기 때문이 아닌가 싶다.

 필자도 지난해 8월 3년에 걸친 대학 강의를 마치고 시간적 여유가 생겨 10월 아내와 함께 평소 가보고 싶었던 코카서스 3국을 다녀왔다. 얽매이기 보다는 자유롭게 여행하기를 좋아해 떠나기 전 서점에서 관련 서적을 찾아보았으나 자료가 너무 없었다. 더욱이 코카서스 3개국을 한권으로 소개하는 책은 찾을 수가 없었다. 이러한 연유로 필자가 한번 이 지역을 소개해 보자는 용기를 내보았다.

 필자의 코카서스와의 인연은 아주 오래전부터이다. 대학에서 러시아어를 전공하고 공직에 들어가 구소련과 소련 붕괴 후의 CIS(Commonwealth of Independent States, 독립국가연합) 지역을 담당하면서 구소련과 CIS의 일원인 코카서스 3국도 늘 필자의 업무와 관심의 영역에 있었다. 공직을 나와서는 모교에서 후배들에게 코카서스 3국을 포함한 CIS 지역학을 가르쳤다.

코카서스(Caucasus)는 러시아어로 카프카즈(Kavkaz, Кавказ)라고 부르며 흑해와 카스피해 사이를 잇는 대코카서스 산맥과 소코카서스 산맥 주변 전체를 아우르는 지역을 말한다. 대코카서스 산맥을 경계로 북쪽은 북코카서스라고 부르며 현재 러시아 영토이고, 남쪽은 남코카서스라고 부른다. 이 책은 코카서스 지역 중에서 남코카서스에 속하는 조지아, 아르메니아, 아제르바이잔 3개국에 관한 소개서이다. 엄밀히 말하면 남코카서스 3개국이라 해야 옳지만 편의상 이들 3개국을 코카서스 3국이라고 칭하고자 하며, 이 책에서 코카서스는 주로 남코카서스를 지칭하는 개념으로 사용하였다.

이들 코카서스 3개국이 차지하는 면적은 총 186,043㎢로 한반도보다 작으며, 3개국 전체의 인구도 1,800만 명이 채 안 된다. 더욱이 이들 지역은 지리적으로 작게는 카스피해와 흑해를 잇는, 크게 보아서는 아시아와 유럽을 잇는 다리 역할을 하고 있어 고래로부터 동서 무역과 문화의 주된 교류 통로였다. 이러한 지리적 중요성으로 인해 끊임없이 외침에 시달려야 했다. 이들 3개국이 구소련으로부터 분리 독립한 것은 30년이 채 지나지 않았으며 그 이전에는 이들 3개국의 민족들이 이란, 터키, 러시아 등 주변 강대국들의 지배와 영향력 하에 때로는 서로 싸우고 때로는 공동의 적에 대항하여 협력하며 함께 살아왔다. 따라서 이 지역과 이들 국가에 대해서 알려면 3개국을 함께 보아야만 공통점 및 차이점과 역사적 맥락들을 온전히 이해할 수 있다.

책은 총 5장과 부록으로 구성했다. 코카서스 지역과 3개국에 대해 처음 접하는 독자들을 기준으로 하고 세부적인 내용보다는 그 지역을 총체적으로 이해하는데 도움이 되도록 하였으며, 그 지역을 여행하고자 하는 분들을 위한 다양한 정보들을 사진을 곁들여 쉽게 제공하려고 노력하였다. 무엇보다도 그들의 삶과 역사와 문화를 다양한 각도에서 조명하고 이해하며 공감을 느낄 수 있도록 서술하려고 노력했다. 지명이나 인명, 유적 명칭 등에 대해서는 처음 나올 때는 영문 표기를 병기하였는데 이는 영문으로 발간되는 현지 안내서나 지도 등을 참고할 때 혼선을 피하기 위해서이다. 교통편, 숙박지, 식당 등에 대해서는 필자가 직접 경험하였거나 찾아가 확인한 내용들 중 합리적이라고 선택한 것만을 기술하였으며, 식당이나 숙박지에 대해서는 더 합리적이고 좋은 곳이 얼마든지 있을 수 있음을 첨언해 둔다.

제1장은 코카서스의 지리와 역사를 개략적으로 설명하였다. 이 책은 단순한 코카서스 소개서이자 안내서이다. 따라서 지리나 역사를 깊게 다루지 않았으며, 특히 역사 부분은 그곳을 여행하거나 오늘날의 각국 상황들을 이해하는데 필요한 최소한의 분량으로 축소하여 기술하였고 그 지역과 각국 역사의 총체적 흐름을 이해하는데 주안점을 두었다.

제2장은 코카서스 현대사의 주요 사건들을 기술하였다. 20세기 이후 최근까지 그 지역에서 일어난 사건들 중 오늘날에도 그곳 사람들의 생활에 지대한 영향을 끼치고 있으며 코카서스 3국의 현재를 이해하는데 꼭 필요한 사건들을 골라 6개의 파트로 기술하

였다.

제3장에서 5장까지는 조지아, 아르메니아, 아제르바이잔 각국에 대한 소개이자 여행자들을 위한 안내 자료이다. 각장에 각국의 개황과 자연과 기후, 민족과 언어, 종교와 문화, 치안상태, 물가와 환율 등을 설명하고 각국의 수도에 대한 볼거리와 교통, 숙박, 음식 등에 대해 사진을 곁들여 설명해 놓았다. 각장의 마지막에는 가볼만 한 지방 명소들을 소개하였다.

조지아와 아르메니아와 아제르바이잔은 같은 코카서스 국가이면서도 민족의 생성이나 발전과정에서 상당한 차이가 있다. 흔히들 조지아가 가장 코카서스적이라고 말한다. 이는 조지아가 대코카서스와 소코카서스 산맥 사이에 위치해 있어 외부적 영향을 보다 적게 받아 코카서스적 득질을 가장 잘 보유하고 있다는 말일 것이다. 이를 달리 말하면 아르메니아나 아제르바이잔은 그만큼 더 외부적 영향을 많이 받으면서 조지아와는 다른 특질을 형성해 왔음을 의미한다. 이 책을 통해 '이래서 이런 말이 나왔구나' 하는 공감을 느껴볼 수 있기를 기대해 본다.

부록에는 코카서스 3국 가는 길을 소개하였다. 우리나라에서 코카서스 3국에 가는 항공노선과 비자와 출입국 상황, 3개국 간 이동 방법, 부가가치세 환급, 전화와 인터넷 개통 및 사용방법 등을 설명하였다.

아무쪼록 이 책이 코카서스 3국을 여행하려는 분들이나 이 지역에 관심이 많은 분들에게 커다란 도움이 되기를 바란다.

그리고 이 책이 나오기까지 많은 격려를 해주고 여행 시 조지아 트빌리시 시내 구석구석을 안내하며 상세한 설명과 함께 여러 장의 사진을 찍어준 트빌리시에 사는 막시모프출판사 사장이며 친구인 안드레이 막시모프와 이 책의 여정을 함께 한 아내에게 각별한 고마움을 표한다. 또한 조지아 역사자료 등을 제공해준 전 조지아 겸임대사인 고려대학교 허승철 교수님, 조지아 카헤티 지방에서 와인을 연구하고 계시면서 이 책자의 전체적인 구도와 카헤티 지방 및 와인에 대해 자문을 해주신 양태규 전 대사님, 최고의 와인 전문가이시며 조지아 관련 여러 장의 사진을 지원해 주신 전 모스크바 소재 롯데호텔의 양석 대표님께 깊은 감사의 말씀을 드린다. 아울러 이 책의 제작과 출판에 물심양면으로 지원을 해주신 김현택 한국외국어대학교 부총장님과 외국어대학교 지식출판콘텐츠원 관계자들 및 편집과 교정을 위해 노고를 아끼지 않은 정준희님에게도 깊은 감사를 드린다.

2019년 4월 5일
자택에서 저자

CAUCASUS

목차

역 사 와 문 화 를 통 한

코카서스 3국
들여다보기

Georgia

제1장

코카서스의 지리와 역사 개관

❀❀❀

Armenia

Azerbaijan

qobusta

코카서스 지역 전도

러시아

카자흐스탄

카스피해

아브하지아
수후미

북코카서스

흑 해

쿠타이시
북오세티아

바투미

조지아
★ 트빌리시

아르메니아

아제르바이잔
바쿠

예레반 ★

터 키

나고르노-카라바흐

나히치반

이 란

CAUCASUS

1. 코카서스(Caucasus)의 지리·정치적 개념

코카서스란 우리에게 매우 낯설다. 어디 지역을 말하는지도 쉽게 와 닿지 않는다. 그러기에 더더욱 신비롭다. 사람들은 코카서스를 신화의 땅, 사람과 신이 공존하는 지역, 장수의 나라 등으로 묘사한다. 그럼 코카서스는 어디를 말하는가?

코카서스는 러시아 남부의 흑해(Black Sea)와 카스피해(Caspian Sea) 사이의 코카서스 산맥이 펼쳐진 지역을 일컫는다. 얼마 전까지는 전 지역이 구소련(Former Soviet Union)의 일부였었다. 영어로는 Caucasus 또는 Caucasia 라고 불리며, 러시아말로는 '카프카즈(Kavkaz)'라고 불린다. 코카서스 산맥은 흑해에서 카스피해 방향으로 대코카서스 산맥이 길게 뻗어있고 아래쪽으로 소코카서스 산맥이 나란히 지난다. 이러한 코카서스(카프카즈) 지역은 대코카서

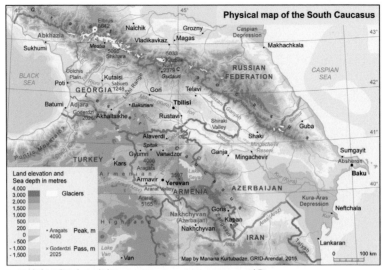

📷 코카서스(카프카즈) 지형(Яндекс.Картинки> caucasus map 인용)

📷 구소련 당시의 코카서스 행정구역도

스 산맥을 경계로 북코카서스와 남코카서스로 구분된다.

북코카서스 지역은 현재도 러시아연방(Russian Federation)의 영토로 다게스탄(Dagestan), 체츠냐(Chechnya), 잉구셰티아(Ingushetia), 카바르디노-발카리아(Kabardino-Balkaria), 북오세티아(North Ocetia), 아디게야(Adigeya), 카라차예보-체르케스(Karachaevo-Cherkessia) 등 7개 자치공화국(Autonomous Republic)과 크라스노다르(Krasnodar) 및 스타브로폴(Stavropol) 지방, 칼미키아(Kalmykia) 자치공화국 일부와 로스토프(Rostov) 주의 일부가 포함된다.

남코카서스 지역은 러시아에서 '코카서스 너머 지역'이라는 의미의 '자카프카지예(Zakavkazie)'로 불렸고, 이것이 영어로 트랜스코카서스(Transcaucasus)로 번역되어 불렸다. 이 지역에는 소위 코카서스 3국으로 불리는 조지아(Georgia), 아르메니아(Armenia), 아제르바이잔(Azerbaijan)과 이란(Iran), 터키(Turkey)의 일부 지역이 포함된다.

코카서스 지역에는 수십여 개의 다양한 소수민족들이 높은 산들을 경계로 골짜기 마다 모여 살고 있는 민족전시장과 같은 지역으로 인류학적으로 지구상에서 민족적 다양성이 가장 큰 지역이다. 북코카서스에는 러시아인, 우크라이나인 외에 소수민족으로 다게스탄인, 체첸인, 잉구쉬인, 카바르디나인, 발카르인, 오세티아인, 아디게이인, 카라차예보인, 체르케스인, 칼미크인 등이 살고 있으며, 남코카서스에는 조지아인, 아르메니아인, 아제르바이잔인 외에도 소수민족으로 오세티아인, 아브하지아인, 아자르인, 쿠르드인 등이 살고 있다.

러시아와 코카서스 3국을 비롯하여 구소련 지역에서 자치공화국, 자치주 등 자치가 들어가는 행정지역 명칭은 모두 스스로의 언어와 문화를 지닌 소수민족들의 집단 거주지역을 의미한다.

코카서스의 이러한 민족적 다양성은 아름다운 문화적 다양성을 제공해 주는 반면에 많은 영토적 민족적 분쟁을 야기하기도 한다. 러시아내 북코카서스의 체첸 분쟁과 남코카서스의 남오세티아, 아브하지아, 나고르노-카라바흐 분쟁 등이 현재도 진행되고 있다.

대코카사스 산맥에는 5천 미터가 넘는 고봉 준령들과 강들이 산재해 있다. 러시아 카바르디노-발카리아 공화국에 있는 엘브루스봉은 5,642m로 유럽에서 제일 높은 산이며, 러시아와 조지아 국경을 이루는 고봉들로 조지아 스바네티주의 슈하라(Shkhara, 5,068m)봉, 장히타우(Janghitau, 5,058m)봉, 카즈베기(Kazbegi, 5,033m)[1]봉이 대표적이다.

이 산맥을 가로지르는 통로로는 다랼 계곡(Darial Pass)과 조지아 군사도로(Georgian Military Road)와 오세티아 군사도로(Ossetian Military Road)가 있다. 이 산맥에서 발원하는 쿠반(Kuban) 강, 바크산(Baksan) 강, 테레크(Terek) 강, 술라크(Sulak) 강, 사무르(Samur) 강은 대코카사스 산맥에서 발원하여 북쪽으로 흐르고, 인구리(Inguri) 강, 리오니(Rioni) 강, 아그라비(Agravi) 강, 이오리(Iori) 강은 남쪽으로 흐른다.

200개가 넘는 빙하와 3월부터 녹는 고산의 눈은 7, 8월까지 계속 풍부한 수량을 제공하며 연평균 기온은 북코카서스가 10℃, 남코카서스는 16℃이다.

---

1) 코카서스와 조지아의 고봉들의 높이는 자료마다 약간씩 차이가 나고 있으나, 본고에서는 2014년 조지아 국가관광청(Georgian National Tourism Administration) 발간 팜플렛 "Georgia, Country of life"를 인용하였다.

📷 코카서스 산맥 풍경

  남코카서스는 북쪽으로 러시아, 동쪽으로 카스피해, 남쪽으로
는 이란과 터키, 서쪽으로는 흑해와 접한다. 남코카서스 지역은 비
교적 온화한 기후와 풍부한 수자원과 농경에 알맞은 지형으로 고
대시대부터 정착 생활이 이루어졌으며, 유럽인의 조상도 이 지역
에서 거주하다가 북서쪽 유럽 지역으로 옮겨간 것으로 백인을 뜻
하는 '코카시안(Caucasian)'이란 용어도 여기에서 유래한 것이다.

  이 책에서 다루고자 하는 남코카서스 3국의 면적은 186,043㎢
(조지아 69,700㎢, 아르메니아 29,743㎢, 아제르바이잔 86,600㎢)로 한반도 면
적보다 작으며, 3국의 인구는 2018년 기준 1,794만 명(조지아 492만
명, 아르메니아 298만 명, 아제르바이잔 1,004만 명)으로 북코카서스 지역보
다는 훨씬 높은 인구 밀집도를 보이고 있다.

2. 코카서스 역사 개관

1) 코카서스 역사의 특징

남코카서스 지역은 아프리카 다음으로 인류가 최초로 거주하기 시작한 지역으로 180만 년 전으로 거슬러 올라간다. 이 지역에서 발견되는 인류 초기 유골과 석기 시대의 방대한 유물들은 이 지역이 아프리카 문명과 그 이후 발달한 서아시아 문명 사이의 매개체 역할을 한 것으로 추정된다. 이렇게 시작된 초기 인류의 발자취들은 경이로운 코카서스의 자연과 만나면서 많은 신화와 전설을 잉태하였다.

인간을 빚으며 제우스 몰래 인간에게 불을 가져다주었다가 수천 년간 바위산에 묶여 독수리에게 간을 쪼여 먹히는 형벌을 받았던 인간을 사랑한 신 프로메테우스의 이야기가 오늘도 조지아의 프로메테우스 동굴 속에 살아있다.

역사상 최초로 그리스도교를 국교로 받아들였던 아르메니아인들은 구약성서에 나오는 노아의 방주가 아라라트산에 도착하여 홍수의 재앙을 모면했으며 자신들이 노아의 후손이라고 믿고 있다. 이에 따라 지금은 터키 영토에 속해있는 아라라트산을 여전히 아르메니아의 상징으로 생각하여 수도 예레반에 전망대를 세우는가 하면 아라라트 산이 가까이에서 바라다 보이는 호르 비랍 수도원을 성지로 여기고 있다.

아제르바이잔에는 땅속에서 프로메테우스의 숨결처럼 솟아오르는 불꽃을 숭배하는 조로아스터교(배화교) 사원이 있으며, 인도와 중국으로부터 로마와 비잔틴을 오가는 대상들의 이야기와 안식처들이 있다.

그런가하면 조지아와 아르메니아가 기독교를 국교로 받아들이면서 겪은 전설과 이야기들이며, 예수의 셔츠가 모셔졌던 곳에 세운 성당의 이야기, 수많은 동굴사원, 이슬람 예언자 무함마드의 직계 자손이 묻혀있는 아제르바이잔의 모스크 등 신들의 이야기가 도처에 넘친다.

또한 러시아의 푸시킨과 그리보예도프, 톨스토이 등 대문호들의 이야기, 석유시대를 개척한 노벨 형제의 이야기, 구소련의 독재자 스탈린과 베리야의 흔적 등 잠시도 벗어나기 어려운 풍부한 볼거리와 이야기 거리를 제공해 준다.

그러나 이 지역은 BC 5-6세기에서 AD 7세기까지는 그리스, 로마와 페르시아가 영향력 경쟁을 벌였고, 중세 이후에는 아랍 및 비잔틴 제국과 터키, 이란, 러시아 등 주변 강대국들의 정치, 군사, 종교적 팽창을 위한 경쟁의 무대였으며 침략과 약탈의 대상이었다. 아랍과 몽골조차도 한때 이 지역을 장악했었다. 그러기에 코카서스인들은 더더욱 의지하고 구원해줄 신이 필요했던 사람들이었다.

이 과정에서 이 지역에 가장 큰 영향을 미친 나라는 터키(셀주크와 오스만 투르크)와 이란(페르시아)이었다. 셀주크 투르크는 오늘날 아제르바이잔의 민족, 문화, 종교적 정체성에 커다란 영향을 끼쳤으며, 이란은 16세기 이후 터키와 경쟁을 하기는 했으나 수백 년간 이 지역을 지배해 왔다. 러시아는 18세기 말부터 이 지역에 진출하기 시작하여 19세기 초에 오늘날 코카서스 3국의 영토를 이란과 터키로부터 빼앗았다.

남코카서스 지역에 조지아, 아르메니아, 아제르바이잔 3개의 민족국가가 출현한 것은 20세기 들어와서이며, 그 이전에는 각각의 영토에 고대왕국이나 중세의 왕국들이 존재하기는 했었으나 조지아를 제외하고는 이러한 민족국가로까지 발전하지는 못했었다.

제1차 세계대전과 볼셰비키 혁명의 혼란 와중인 1918년에 3개 국은 세계적인 민족자결주의 조류에 편승하여 각각 독립을 선언 했으나, 1920년 볼셰비키가 이 지역을 장악하고 소연방에 편입시 킴으로써 짧았던 독립은 막을 고하고 소연방의 일원으로서 살아 야 했다. 그러다가 1991년 소연방이 붕괴함으로써 조지아, 아르메 니아, 아제르바이잔은 독립국가로 부활하게 되었다.

이들 3개국은 많은 부분에서 역사를 공유하고 있다. 때로는 경 쟁하고, 때로는 합쳐지고, 때로는 연합하여 외세와 싸우거나 함께 지배를 받는 등 자신들의 과거를 명확히 구분 짓기가 어렵다. 따 라서 오늘날 이들 3개국은 독립 후 각각의 민족국가를 건설해 나 가면서 스스로의 역사와 국가정체성을 재구성해 나가고 있다고 해도 과언이 아니다.

이 책은 이들 트랜스코카서스(남코카서스) 3개국의 이러한 역사 와 정체성 재구성의 여정을 따라가 보려는 노력이며, 또한 코카서 스에 관심이 있는 분들을 위한 여행 안내서이기도 하다.

2) 조지아 역사 개관[2]

오늘날 조지아 땅에 인류가 출현한 것은 약 200만 년 전으로 거 슬러 올라간다. 기나긴 여정의 구석기 시대를 거쳐 12000~6000 년 전의 신석기 시대와 6000년 전에서 2000년 전에 이르는 청동 기 시대의 유물들이 이 지역에서 대거로 출토되고 있다. 카헤티

---

2) 조지아의 역사에 대해서는 "ИСТОРИЯ ГРУЗИИ(History of Georgia)"(Kakha Shengeliya 저, 카프카즈대학교 출판부, 2018, Tbilisi) 러시아어 본과 "조지아 역사"(허승철 편 역, 고려대학교 출판부, 2018)를 주로 인용하였는 바, 조지아 역사에 대해 보다 상세히 알 고 싶다면 "조지아 역사"를 참고하길 바란다.

지방에서 출토된 정교한 황금사자상은 이 지역 고대문명의 걸작품이다.

 그러나 조지아인들의 기원은 BC 약 2000년경 서남부 조지아 디아오히(Diaokhi) 지역에서 형성된 디아우에히(Diauehi) 부족연맹체와 이후 BC 11세기~8세기에 서부 조지아 콜하(Kolkha) 지역에서 형성된 콜치스(Colchis) 부족연맹체로 보고 있다.

 디아우에히는 BC 8세기 중반 남쪽의 아르메니아 고원과 터키 동부, 이란 북부에 걸친 강력한 우라르투(Urartu) 왕국과 북쪽의 콜치스에 의해 멸망되고 영토는 우라르투와 콜치스가 분할했다. 그러나 콜치스도 얼마 안 있어 유목민족인 키메리아인들에 의해

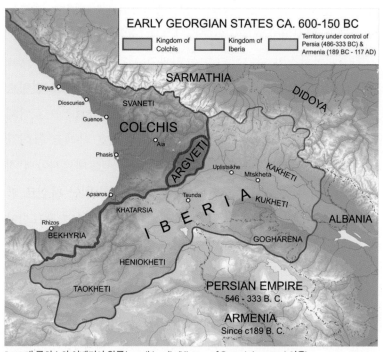

📷 고대 콜치스와 이베리아 왕국(en.wikipedia/History of Georgia(country) 인용)

멸망했다. 이 부족연맹체들이 외침의 과정에서 분할하여 오늘날의 여러 부족이 생겨나고 조지아어, 스반어, 밍그렐리아어, 라즈어 등 카르트벨리안(Kartvelian) 언어군으로 분할되는 계기가 되었다.

키메리아인들에 의해 조지아 부족들의 발전은 한동안 중단되었으나 BC 6세기에 옛 콜치스 왕국의 영토에 서북부 산악 부족들이 연합하여 새로운 콜치스(Colchis) 왕국이 출현하였다. 콜치스 왕국을 오늘날 조지아 동부지역의 카르틀리 사람들은 에그리시(Egrisi) 왕국이라고 불렀다.

조지아 동부지역에서는 마케도니아 알렉산더 대왕의 지배를 거쳐 BC 3세기 초에 카르틀리 파르나바즈(Kartli Parnavaz)가 알렉산더 후예들의 통치를 거부하고 므츠헤타(Mtskheta)를 수도로 하는 카르틀리(Kartli) 왕국을 세웠다. 당시 그리스와 로마에서는 카르틀리 왕국을 이베리아(Iberia) 왕국이라고 불렀다.

그러나 콜치스와 카르틀리를 둘러싸고 페르시아(아케메니드, 후에는 파르티아)와 그리스(폰투스), 로마, 아르메니아 등이 각축을 벌였으나, BC 65년 로마 폼페이 장군의 원정과 승리로 콜치스는 로마제국에 병합되고, 카르틀리(이베리아)는 로마의 보호 아래로 들어갔다. 이후에도 카르틀리를 둘러싸고 로마와 사산조 페르시아의 경쟁은 지속되어, 카르틀리는 한때 조로아스터교를 믿는 사산조 페르시아의 속국이 되었으나 AD 298년 로마가 승리하여 페르시아와 니시비스(Nisibis) 강화조약을 맺고 카르틀리와 아르메니아에 대한 종주권은 로마가 차지하고, 오늘날의 아제르바이잔인 코카서스 알바니아는 페르시아의 영향력 아래로 들어갔다.

조지아가 기독교를 받아들이기 전 카르틀리(이베리아) 지역에서는 태양신을 숭배하는 미트라스교와 조로아스터교가 널리 퍼져 있었다. 306년 왕위에 오른 카르틀리의 미리안 3세(MirianⅢ)는 로마와의 정치적 유대를 강화하고 국민을 결속시키려는 의도에서 337년 기독교를 국교로 선포하였다.[3]

📷 므쯔헤타 Samtavro 수도원에 있는 미리안 국왕과 왕비 나나의 무덤

카르틀리에의 기독교 전파는 카파도키아 출신의 수녀 니노(Nino)의 가르침에 따른 것으로 므쯔헤타 스베티쯔코벨리(Svetitskhoveli) 성당도 이때 처음 세워진 것이다.

5세기 카르틀리 귀족들은 여전히 기독교를 수용하지 않으려고 하였으나, 바흐탕 고르가살리 왕이 귀족들을 제압하고 사산조 페르시아와 싸우며 친 로마 정책을 폄으로써 카르틀리의 기독교 신앙을 공고히 하고 미래의 수도 트빌리시에 도시를 처음 건설하였다.

---

3) 카르틀리의 기독교 국교화 시기에 대해서는 "ИСТОРИЯ ГРУЗИИ"(카프카즈대학교 출판부, 2018, Tbilisi)를 인용하였으며, 326년설, 324년설, 334년설 등 다양한 이설이 있다.

📷 트빌리시의 바흐탕 고르가살리 왕의 동상

이후 콜치스와 이베리아 지역에 소규모 공국들이 이어져 내려왔으나 11세기 초 바그라트 3세(Bagrat III)에 의해 고대 콜치스와 이베리아 지역이 역사상 처음으로 조지아 왕국으로 통합, 바그라트 왕조를 열고 통합수도를 쿠타이시(Kutaisi)로 정했다. 조지아 왕국은 11세기 말에서 13세기 초 다비드 4세(David IV, 1089-1125)와 타마르 여왕(Queen Tamar, 1184-1210) 시대에 크게 융성하였다.

"건설자"로 불리는 다비드 4세는 36년간 재위하면서 쇠약해진 조지아 왕국을 재통합하고 군대와 법제, 행정을 재정비하여 조지아 왕국을 지역강국으로 부상시켰다. 조지아에서 분리하여 독립을 추구하던 카헤티(Kakheti)를 격파하여 재복속시키고 셀주크의 침입을 격퇴하였으며, 이슬람 세력이 4백년간 장악해 왔던 트빌리시를 1122년 탈환하고 수도를 쿠타이시에서 트빌리시로 옮기는 한편 아르메니아와 쉬르반 지역까지도 복속시켰다.

중세 조지아의 번성은 타마르 여왕 시대에 황금기에 이른다.

📷 쿠타이시 겔라티 수도원의 다   📷 12세기 초 다비드 4세 치하 조지아 왕국 영토
비드 4세 프레스코화

1184년부터 26년간 집권한 타마르 여왕은 다비드 2세 사후 분열
된 왕국과 권력을 재정비하고 이슬람 세
력에게 빼앗겼던 아르메니아 지역과 쉬
르반 지역을 재복속시킴은 물론 체첸과
다게스탄 등 북부 산악 부족의 반란을
진압하였다. 이러한 타마르 여왕의 업적
과 치세를 당시의 쇼타 루스타벨리(Shota
Rustavely)는 "호랑이 가죽을 두른 용사"
라는 영웅서사시를 통해 찬양했다. 초상

📷 타마르 여왕 초상

이 50라리 지폐의 도안으로 사용되고 있다.

　타마르 여왕의 사후 조지아는 몽골의 침입을 받아 1226년 트빌
리시가 함락되는 등 쇠락의 길로 접어들었다. 타마르 시대 남코카
서스 전역을 호령하던 대 조지아는 1243년 몽골에 항복하면서 쉬
르반과 나히치반을 양도했고 여타 지역도 몽골과 티무르 제국의
지배하에서 겨우 명맥을 이어가다가 15세기부터는 300여 년간

오스만 투르크와 사파비, 카자르 등 이란 왕조의 각축장이 되어
황폐해 갔다. 이 300여 년간 조지아는 정치.문화는 물론 언어적으
로도 엄청난 변화를 겪게 된다.

1453년 오스만 투르크에 의한 콘스탄티노플 함락과 비잔틴 제
국의 멸망은 조지아를 외부의 기독교 세계와 단절시키고 고립되
게 만들었으며 결국 1460년대에 조지아는 카르틀리(Kartli), 카헤
티(Kakheti), 이메레티(Imereti) 등 3개 왕국과, 구리아(Guria), 스바네
티(Svaneti), 메스헤티(Meskheti), 아브하제티(Abkhazeti), 사메그렐로
(Samegrelo) 등 5개의 공국으로 분열되었다.

18세기 후반부터는 제정 러시아가 이 지역에 개입하기 시작했
다. 러시아가 이 지역에 처음 진출한 것은 표트르(피터) 대제였으나
표트르는 바쿠까지만 점령했다가 철수했고 본격적인 코카서스
진출은 에카테리나 2세(1762~1796) 때부터 이다.

조지아 동부지역인 카헤티의 국왕이었던 에레클레 2세(Erekle II,

1744~1797)[4]는 1762년 카르틀리의 국왕이
었던 부친 테이무라즈 2세(Teymuraz II)가
죽자 카르틀리와 카헤티의 통합을 선언하
고 통합 국왕이 되었다. 오스만 투르크와
의 힘겨운 싸움을 지속해 오던 에레클레 2
세는 남쪽으로부터 이란이 사파비 왕조의
뒤를 이은 카자르 왕조가 다시 힘을 키워

에레클레 2세

압박해오자 1783년 이란과 오스만 투르
크로부터 벗어나고자 같은 기독교국인 러시아의 보호령으로 들
어가기로 결정하고 게오르기에프스크 조약(Treaty of Georgievsk)을
체결하였다.

그러나, 러시아는 에레클레 사후 내란이 일어나자 1801년 카르
틀리-카헤티 왕국을 병합해 버림으로써 바그라트 왕조는 종말을
고했다. 이후 러시아는 이 지역을 탈환하려는 이란과 제1차 러-이
란 전쟁(1804~1813)에서 승리하고 굴리스탄 조약(Treaty of Gulistan)
을 맺어 조지아 동부지역 국경을 확정짓고 1810년 서부 조지아의
이메레티(Imereti)도 병합하였다.

제정 러시아 지배하 조지아는 러시아의
폭정에 항의하는 폭동이 일어나고 일리야
차브차바드제(Ilia Chavchavadze) 왕자 주도
의 민족부활운동 등이 전개되었으나 그는
1907년 암살되었고 1918년 조지아 민주공
화국이 1차 독립을 선언하기까지 러시아

일리야 차브차바드제

---

4) 에레클레(Erekle) 2세를 러시아인들은 이라클리(Irakliy), 유럽에서는 헤라클리우스
(Heraclius)로 부른다.

의 한 지방으로 남았다. 이후 조지아가 다시 독립국가가 되기까지
에는 80년 가까운 세월을 더 기다려야 했다.

3) 아르메니아 역사 개관[5]

아르메니아 고원지대에 최초의 고대국가가 출현한 것은 BC 9세
기경의 우라르투(Urartu)로 불리는 반 왕국(Kingdom of Van) 또는
성경에 언급되는 아라라트 왕국(Araratian Kingdom)이다. 우라르투
인들은 자신들의 국가를 뱌이닐리(Biainili) 라고 불렀다.

우라르투 왕조는 메데스인, 바빌로
니아인들과 스키타이족의 연이은 침
략으로 BC 585년 멸망되고 그 자리
에 아르메니아의 최초 왕조인 예르반
디즈(Yervandids) 왕조가 형성되었다.
그러나 예르반디즈는 얼마 지나지 않
아 BC 550년 페르시아 아케메니드
(Achemenid) 왕조의 침략을 받고 아케
메니드의 지배하에 놓이게 되었다.

ⓒ BC 8세기 우라르투 왕조 시대 투구
(아르메니아 역사박물관)

200여년의 아케메니드 지배를 지나 BC 330년 아케메니드의 다리
우스 3세(Darius Ⅲ)가 마케도니아의 알렉산더 대왕과의 전투에서
패배하고 멸망함으로써 예르반디즈 아르메니아는 마케도니아와
후에 셀레우코스 왕조(Seleucid Empire)의 지배하에 들어가게 된다.

마케도니아계 셀레우코스 왕조의 영향 하에서 아르메니아는 대
아르메니아(Greater Armenia)와 소 아르메니아(Lesser Armenia)로 나

---

5) 아르메니아 역사에 대해서는 "History Museum of Armenia : Permanent
   Expositions"(2017, Yerevan, Tigran Mets)를 참고하였다.

뉘었고 대 아르메니아의 아르타세스 1세(ArtashesⅠ)는 BC 201년 독립을 선언하고 BC 189년 아르타샤트(Artashat)에 수도를 건설하여 아르타샤트 왕조(Artaxiads)를 열었다.

ⓒ티그란 대왕 초상

아르타샤트 왕조는 티그란 대왕(Tigran the Great)의 집권기(BC95-BC55)에 역내 강대국으로 부상하여 최고의 번영을 누렸다. 티그란 대왕(아르메니아어로 Tigran Mets) 시대 아르메니아 영토는 아르메니아 전역을 통일했을 뿐만 아니라 카파도키아 지역을 복속하여 지중해까지 진출하고 동으로는 카스피해, 북으로는 대 코카서스, 남으로는 홍해까지 영토를 넓혔다. 티그란은 이러한 업적으로 인해 'King of Kings'라는 타이틀을 얻었다.

이후 파르티아(Parthian Empire)의 지배를 받기도 했으나 아르메니아는 AD 4세기에 들어 정치, 사회, 문화적으로 역사적 전환점을 맞는다.

ⓒBC 1세기 티그란 대왕 시대 동전(아르메니아 역사박물관)

끊임없이 사산조 페르시아의 침략을 받은 아르메니아는 301년에 트르다트 3세(Trdat III)가 세계에서 처음으로 기독교를 국교로 선포하고 수도 바가르샤파트(Vagharshapat)에 에치미아진 성당(Etchmiadzin Cathedral)을 건설하였다.

트르다트 3세는 파간(Pagan) 여신상에 화환을 봉정하라는 자신의 명령을 어긴 그레고리 신부(Gregory the Illuminator)를 호르 비랍(Khor Virap) 지하감옥에 13년 동안이나 가두어둔 적이 있으나, 일단 기독교를 수용한 후에는 이교도들을 무자비하게 탄압함으로써 330년 이교도들에 의해 독살되었다.

또한 아르메니아는 405년에는 왕과 교회의 전적인 후원 아래 기독교의 대중 전파를 위해 마슈토츠(Mesrop Mashtots)가 아르메니아어 문자를 창조해 냈다.

7세기 중반에는 아랍의 침략을 받기 시작하여 8세기 초에는 완전히 아랍의 지배하에 놓았다. 이때부터는 드빈(Dvin)을 중심으로 하는 아르메니아 코뮤니티가 수공업과 금속, 도예 공예를 바탕으로 인접지역들과 무역을 활발히 진행하면서 자신들의 문화적 정체성을 유지해 나갔다.

9세기 말에는 아랍세력의 영향력이 약화된 틈을 이용하여 아르메니아 민족국가가 부활하였다. 885년 아쇼트 1세(Ashot I)가 자신을 아르메니아 왕으로 선포, 바그라티드(Bagratid) 왕조를 창업하고 아니(Ani)를 왕국의 수도로 정했다.

그러나 바그라티드 왕조가 쇠퇴하면서 아니를 포함한 바그라티드 왕국은 1045-1199년간 동로마(Byzantine) 제국과 셀주크 투르크, 쿠르드(Kurd)계 사다디즈(Shaddadids)의 지배를 받다가 1236년 몽골의 침략을 받으면서 아니(Ani)는 완전히 파괴되고 아르메니아

📷 트르다트 3세를 세례하는 그레고리 신부

📷 15세기 복음서 필사본(아르메니아 역사박물관)

역사와 문화를 통한 코카서스 3국 들여다보기

인들은 살육을 피해 대거 크리미아, 러시아, 폴란드 등으로 탈주하였다.

아니(Ani)가 외세의 지배를 받는 동안 산악지역인 실리키아(Cilicia)에 정착해 있던 루벤(Ruben) 왕자가 1080년 비잔틴 세력을 물리치고 루벤 공국(Rubenid principality)을 세웠고, 1198년에는 레본 1세(Levon I) 왕자가 실리키아 아르메니아의 왕으로 봉해졌다.

실리키아 왕국은 12-13세기 주변국들과 무역을 발전시키며 번영을 이루었으나, 1375년 아랍의 마멜류크(Mameluks)가 실리키아 수도 시스(Sis)를 점령함으로써 300년 가까이 존속해 온 실리키아 왕국은 멸망하고 말았다.

실리키아 왕국 멸망 이후 아르메니아인들은 외세의 지배하에 놓여 1918년 아르메니아 민주공화국을 선포할 때까지 나라를 갖지 못했다.

마멜류크 지배 이후 아르메니아는 오스만 투르크와 페르시아의 각축장이 되어 1639년에는 오스만 투르크가 지배하는 서부 아르메니아와 페르시아가 지배하는 동부 아르메니아로 양분되었다. 그러다가 러시아가 남코카서스로 영향력을 확대하는 과정에서 궁극적으로 이란과의 전쟁에서 승리하면서 동부 아르메니아는 1828년 투르크멘차이 조약(Treaty of Turkmenchay)에 의거 러시아에 편입되었다.

4) 아제르바이잔 역사 개관[6]

아제르바이잔 지역에 인류가 처음 등장한 것은 30-40만 년 전으로 추정되며, 바쿠 남부 고부스탄 지역에는 20000년 전부터 그려진 암각화들이 수천점이나 발견되어 이 지역이 고대부터 인류가 문명을 이루며 살아왔음을 알 수 있다.

📷 고부스탄의 암각화 모습

BC 9세기 이후에는 아제르바이잔이 스키타이의 지배에 이어 메데스(Medes)나 아케메니드 (Achaemenid) 등 페르시아 고대왕국들과 역사를 공유하고 있다. 특히 아케메니드 왕조 시기에 조로아스터교가 크게 유행하였다.

BC 330 마케도니아의 알렉산더 대왕이 아케메니드 왕조를 무너트리고 이 지역을 일시 장악했었으며, 이 시기 메데스인들의 후계인 아트로파트(Atropat) 왕국이 마케도니아의 영주국 지위를 얻어 크게 성장하고, 북쪽 코카서스 산악 쪽에서는 BC 2세기경 아트로파트 왕국과 함께 아제르바이잔의 원조국가라고 할 수 있는 알바니아(Albania) 왕국[7]이 출현했다. 일부 학자는 아제르바이잔이라는 명칭이 아트로파트에서 나왔다고 주장한다.

---

6) 아제르바이잔 역사에 대해서는 "아제르바이잔 : 코카서스 땅, 기름진 불의 나라"(류광철 저, 2009, 21세기북스)와 "en.wikipedia.org> History of Azerbaijan"을 주로 참고하였다.

7) 이 알바니아 왕국은 발칸반도의 알바니아와는 역사적으로 전혀 관계가 없으며, 이 둘을 구분하기 위해 코카서스 알바니아(Caucasian Albania)라고 부른다.

아제르바이잔은 BC 1세기 잠시 아르메니아의 영향하에 들어가기도 했으나 이후 AD 7세기 까지 페르시아(파르티아 및 사산조)와 로마(로마 및 비잔티움)의 각축장이 되었다. AD 1세기 이후 아제르바이잔 지역은 코카서스 알바니아가 통치했다. 알바니아는 298년부터 사산조 페르시아의 지배를 받았으나 광범위한 자치권을 부여받아 사실상 독립국가의 지위를 유지했다. 623년 이 지역을 침입한 비잔틴 제국에게 나히치반과 티플리스 등 많은 도시를 점령당했지만 628년 비잔틴과 페르시아의 평화협정으로 또다시 사산조의 속국이 되었다. 알바니아는 7세기 중반 아랍의 침입에 대항하여 조지아, 아르메니아와 함께 싸웠으나 8세기 초에는 아랍이 이 지역에 대한 완전한 통치권을 확립하고 이슬람이 유입되었다. 그러나 1세기에 걸친 아랍의 지배는 9세기 초 강력한 저항운동에 직면하였다. 서기 816년 바벡(Babek)이 지휘하는 농민반란이 일어나 20년 이상 지속되었다. 아랍은 바벡의 반란을 진압하는데 성공했으나 너무 많은 힘을 소진해 결국 통치력이 점차 약화되어 붕괴하고 말았다.

9-11세기 아랍의 붕괴과정에서 남코카서스에는 사지드(Sajids), 쉬르반(Shirvan), 살라리드(Salarids), 샤다디드(Shaddadids) 등 소규모 봉건제후국들이 우후죽순처럼 생겨났다. 이 시기 남코카서스는 농업과 수공업이 발달하면서 교역의 중심지로 부상하였다.

11세기 중반 셀주크 투르크가 남코카서스를 침입하면서 투르크계 유목민인 오구즈족이 대거로 이 지역에 들어와 원주민들과 섞이면서 아제르바이잔 민족의 주류를 형성하고 이슬람이 널리 퍼지게 되었다.

아제르바이잔의 쉬르반샤는 조지아와 연합하여 아랍 및 셀주크 투르크와 싸우면서 국력이 크게 발전하였다. 9-12세기는 아제르바이잔의 과학과 문화가 크게 신장한 시기로 인도, 중국 등 동방국가들과의 교류가 활발히 진행되면서 니자미 간제비(Nizami Ganzhevi, 1141-1209)같은 유명 철학자와 시인들을 많이 배출하였다.

그러나 13세기 초 몽골의 침입을 당하면서 코카서스와 아제르바이잔의 역사 발전은 지체되고

📷 바쿠 중심가의 니자미 동상

고난의 시대를 맞이하게 된다. 몽골의 지배하에 고난만 있었던 것은 아니다. 몽골이 이 지역에 세운 일한국(Il Khanate) 시대에 중국으로부터 석공, 토목공, 의사, 예술가 등이 대거 유입되면서 많은 건축이 이루어지는 등 경제적 발전도 있었다.

14세기 후반 몽골의 영향력이 쇠퇴하면서 코카서스 지역은 티무르(Timur) 제국의 영향력 하에 놓였으며, 15세기 부터는 또 다른 투르크계 국가인 가라고윤루(검은 양, 1410-1468) 및 아고윤루(흰 양, 1468-1501)의 영향력하에 놓였으나, 쉬르반 왕국은 할릴룰라 1세(1417-1465)와 아들 화루흐 야사르 1세(1465-1500)의 치하 티무르 제국과 고윤루국과의 갈등을 이용해 독립성을 유지하고 러시아와의 관계를 강화해 나가면서 전성기를 맞이한다. 바쿠의 쉬르반샤 궁전도 이때 지어졌다.

하지만 1501년 이란의 사파비(Safavid) 왕조를 창업한 이스마일 1세(Ismail I) 가 쉬르반을 침입하여 순니파인 화루흐 야사르를 죽이

고 바쿠를 함락시킨 후 결국 병합함으로써 쉬르반의 운명은 막을 내린다.

이란의 사파비 왕조는 샤 이스마일이 원래 아제르바이잔 지역 출신이고, 수도를 이란 북부 아제르바이잔 지역의 타브리즈에 정하고 아제르어를 국어로 삼았으므로 쉬르반을 잇는 아제르바이잔의 정통 역사로 간주할 수도 있다. 그러나 사파비 왕조는 시아파 무슬림을 국교로 선포했으며, 제국이 커지면서 아제르바이잔적 특성을 상실했다.

이때 이스마일의 약진에 불안을 느낀 오스만 투르크는 자국 내 4만 명의 시아파 교도들을 살해하고 사파비 왕조를 자주 침략하여 1580년에는 샤마히(Shamakhi)와 간자(Ganja) 및 바쿠를 점령했었고 이후에도 자주 이 지역을 침범하여 18세기 초에는 아제르바이잔 전역을 점령하기도 했었다.

18세기 사파비 왕조가 쇠퇴하며 아제르바이잔 지역에는 구바,

📷 바쿠 Old city내 쉬르빈샤 궁전

카라바흐, 셰키, 바쿠 등 여러 개의 중소 한국(Khanate)이 생겨나기도 했으나, 1791년 이란의 카자르 왕조(Qajar Dynasty)가 다시 이 지역을 통합하고 오스만 투르크가 장악한 동부 지역을 제외하고 조지아의 카르틀리-카헤티 왕국 등 남코카서스 전역을 지배했다.

18세기 초반부터는 제정 러시아가 코카서스 지역에 진출하면서 이란, 오스만 투르크와 전쟁을 벌였다. 1722년 표트르 대제하 러시아군은 카스피해를 타고 내려와 한때 바쿠를 점령했었다.

그러나 나폴레옹과의 전쟁에서 승리를 거둔 알렉산드르 1세(Alexander I) 치하에 본격적인 코카서스 정벌을 시작하여 1804~1813년간 제1차 러시아-이란 전쟁을 벌여 승리했다. 전쟁에서 승리한 러시아는 1813년 이란과 굴리스탄 조약(Treaty of Gulistan)을 체결하여 조지아와 예레반 및 나히치반을 제외한 북부 아제르바이잔 전체를 할양받았다.

러시아와의 1차 전쟁에서 패한 카자르의 샤 압바스 미르자(Shah

📷 오늘날 샤마히의 주마 모스크

📷제정 러시아의 알렉산드르1세

Abbas Mirza)는 군대를 개혁하여 1821~1823년 오스만 투르크와 싸워 이긴 후 러시아에 빼앗긴 땅을 되찾기 위해 1826~1828년 제2차 러시아-이란 전쟁을 벌였으나 또다시 패함으로써 1828년 굴욕적인 투르크멘차이 조약(Treaty of Turkmenchay)을 체결하여 나히치반을 포함한 오늘날의 아제르바이잔 전 영토를 러시아에 양도하였다.

이로써 오늘날의 아제르바이잔은 제정 러시아의 영토가 되고, 남부 아제르바이잔은 이란 영토가 되어 아제르바이잔은 민족적, 영토적으로 남북으로 분단되게 되었다.

이란의 샤 압바스 미르자

제2장

코카서스 현대사의
주요 사건들

CAUCASUS

1. 1차 세계대전과 터키의 아르메니아인 대학살(genocide)

1814년 1차 세계대전이 발발하자 러시아는 연합군에, 터키(오스만 투르크)는 오스트리아-헝가리 제국과 함께 독일 측에 가담하였다. 코카서스 전선 러시아군은 1915년 초 아르메니아 민병대의 지원을 받아 사리카미시(Sarikamish) 전투에서 오스만 투르크군을 궤멸시키고 동부 아나톨리아로 진격하였다.

러시아의 진격과 아르메니아인들의 러시아 지원에 놀란 오스만 군부는 자국 내 아르메니아인들을 안보위협으로 규정하고 이들에 대한 강제이주 명령을 내림으로서 1백만에 이르는 아르메니아인들이 학살되는 비극을 낳았다. 러시아가 "투르크의 멍에로부터 아르메니아인들을 완전히 해방시키겠다"고 공언[1]하고 반(Van) 호

---

1) "Armenia in Modern History"(Ronald Grigor Suny, 1993, Indiana University Press) p29 참조.

📷 Sarikamish 숲의 러시아군 참호

📷 Sarikamish 전투전 부대 점검하는 오스만군 사령관 Ismail Enver

수 지역에서 아르메니아인들의 폭동이 일어나 사태를 더욱 악화시켰다.

아르메니아인들을 강제이주 시키라는 명령이 떨어지자 오스만군은 1915년 4월 수도 이스탄불에 사는 아르메니아 사회의 지도층과 지식인들을 무자비하게 체포해 동부 아나톨리아로 끌고 가서 학살하였다. 동부 아나톨리아에서는 아르메니아인 거주자들을 강제로 강에 몰아넣는가 하면 교회에 몰아넣고 불을 질러 집단화형을 시키는 등 무자비한 학살을 저질렀다. 이러한 학살이 터키 전역에서 자행되었다. 많은 사람들이 학살을 피해 살아오던 땅을 등지고 러시아가 장악하고 있는 남코카서스로 도망치거나 해외로 몸을 숨겼다.

오스만 투르크의 아르메니아인에 대한 학살은 이전에도 있었다. 오스만 투르크가 동부 아나톨리아를 지배하면서 2등 국민으로 살아오던 아르메니아인들이 1890년 "아르메니아 혁명연맹"을 의미하는 비밀 정치결사 조직인 다쉬나크(Dashnak)를 결성하는 등 민족해방운동을 전개하기 시작하자 오스만 당국은 1895년 이스탄불에서의 아르메니아인 저항시위를 전후하여 약 20만 명에 이르는 아르메니아인들을 학살하였다. 이후 아제르바이잔인들도 1911년 비밀리에 "평등"을 의미하는 무사바트(Musavat) 당을 창설했다.

아르메니아는 1915년 대학살이 정치, 경제, 사회적 위기를 맞이하여 멸망해 가는 오스만 투르크

아르메니아인 제노사이드 현장

📷 오늘날 예레반의 Genocide 추모비

제국을 되살려 보려는 의도 하에 오스만 투르크 제국의 '젊은 투르크(Young Turk)' 당이 주도면밀하게 기획하고 시행한 20세기 최초의 계획적 집단학살(genocide), 즉 인종청소로 규정하고 있으며 이때 희생된 아르메니아인들이 150만 명에 달한다고 주장하고 있다. 이러한 목표를 두고 '젊은 투르크' 당 지도부는 제국 내 비투르크인들의 투르크화를 강제로 추진하고 투르크어 사용인들을 모두 오스만 투르크 제국 아래 통합시키려는 범 투르크주의(Pan Turkism) 구상을 추진해 나갔다. 이러한 범 투르크주의 실현의 과정에서 아르메니아인들은 장애물이었고 제거되어야 했다는 것이다.

반면에 터키는 오늘날까지도 계획적인 제노사이드는 없었으며, 아르메니아인들의 희생은 전쟁에 수반되는 불가피한 민간인 희생으로 그 지역의 무슬림들도 비슷한 희생을 치렀다는 입장이다.

이 과정에서 코카서스의 인구구성에 커다란 변화가 일어났다.

동부 아나톨리아 지방의 아르메니아인들이 대거 오늘날의 아르메니아 지역으로 이주하였으며, 이 지역에 있던 무슬림들이 아르메니아인들의 적대행위를 피해 썰물 빠지듯 빠져나갔다.

아르메니아인 대학살 문제는 오늘날에도 코카서스 지역의 국가 관계와 내정에까지 엄청난 그림자를 드리우고 있으며, 아르메니아와 아제르바이잔 간의 적대행위의 근원의 하나로 작용하고 있다.

2. 볼셰비키 혁명과 3개국의 1차 독립

제1차 세계대전의 와중인 1917년 러시아에서 2월 혁명이 일어나 왕정이 무너지고 자유주의적 부르조아 정부가 탄생했으나, 그해 10월 레닌(Lenin)이 주도하는 볼셰비키(소련공산당의 전신인 '러시아 사회민주노동당' 다수파를 지칭)[2]가 권력을 장악하는 공산주의 혁명이 일어나 내전이 발생하는 등 코카서스를 포함한 러시아 정세는 극도의 혼란기를 맞았다.

1801년 이후 러시아의 지배를 받아오던 조지아인 이나, 수백 년간 독립국가를 갖지 못한 아르메니아인, 아제르바이잔인 모두 이 상황을 자신들의 민족독립을 위한 절호의 기회로 생각했다. 제정 러시아군의 퇴각으로 코카서스에 재진출하여 범 투르크 제국을 부활하려는 오스만 투르크의 압력 하에 우선 이들은 1918

---

2) 볼셰비키(Bolsheviki)는 러시아어로 '다수파'를 뜻한다. 1903년 런던에서의 '러시아 사회민주노동당' 2차 대회시 당규약 채택과 관련 급진적 프롤레타리아 혁명과 소수 정예의 전위적 혁명정당 건설을 주장한 레닌과 점진적 민주혁명과 대중정당을 추구해야 한다는 마르토프의 의견이 대립하여 표결한 결과 레닌의 제안이 채택되었으며, 표결에서 이긴 레닌파가 스스로를 볼셰비키(다수파)라고 부른데서 유래되었으며, 마르토프파를 멘셰비키(Mensheviki, 소수파)라고 불렀다. 1917년 10월 볼셰비키 혁명 이듬해 당명을 '러시아 공산당'으로 바꾸고 소연방 창설뒤 다시 '소련 공산당'으로 이름을 바꾸었다.

📷 1918 바쿠의 아르메니아 민병대

📷 1918.3 바쿠의 아제르인 희생자들

년 4월 "트랜스코카서스민주연방공화국(Transcaucasian Democratic Federative Republic)"을 구성하였다. 아제르바이잔인들은 오스만 투르크의 코카서스 진격을 환영했으나, 아르메니아인들은 3년 전의 학살이 재현될 것을 두려워해 강하게 저항하였다. 도처에서 상호

학살극이 벌어졌다. 특히 아제르바이잔인과 아르메니아인간 적대행위가 극심했다.

　이처럼 한 나라로 통합되기에는 너무 이질적 요소가 많았던 이들은 상호 의견대립이 심해지면서 조지아가 먼저 1918년 5월 26일 "조지아 민주공화국"의 독립을 선언하였고, 이틀 뒤 아제르바이잔인들도 "아제르바이잔 민주공화국"을 선포하였다. 이에 오스만 투르크군과의 전투에 집중하느라 독립준비를 하지 못하고 있던 아르메니아 다쉬나크 지도부도 사르다라파트 전투(Battle of Sardarapat)³⁾에서의 승리를 기반으로 5월 28일 "아르메니아 공화국"의 독립을 선포하고 예레반을 수도로 정하였다. 이로써 역사상 처음으로 남코카서스 지역에 3개의 독립 민족국가가 생겨나게 되었다.

📷 Sardarapat 전투 전의 아르메니아군(1918.5)

---

3) 아르메니아 민병대가 알렉산드로폴(현재의 귬리)을 점령하고 내려오는 오스만 투르크군의 에치미아진과 예레반 점령을 저지하기 위해 예레반 서쪽 40km의 사르다라파트(현재의 Armavir 인근)에서 1918년 5월 19일에서 28일간 벌인 양측간의 전투로 이 전투에서 아르메니아가 승리함으로써 독립을 선언할 수 있었음은 물론 아르메니아의 국가적 존립을 가능케했던 것으로 평가되는 아르메니아 현대사에서 가장 중요한 전투이다.

📷 1918년의 오스만군

  아제르바이잔은 처음 수도를 내륙 깊숙이 있는 간자로 정했으나, 오스만 투르크군의 지원하 1918년 9월 바쿠를 점령하고 있던 멘셰비키 및 아르메니아 다쉬나크 민병대와의 치열한 전투 끝에 바쿠를 수복하고 수도를 바쿠로 이전했다. 그러나 수백 년 만에 다시 얻은 남코카서스 3국의 독립은 오래가지 못했다. 제정을 부활시키려는 백군과의 내전에서 승기를 잡은 볼셰비키의 적군은 1920년 4월 바쿠를 필두로 12월 예레반, 1921년 2월 티플리스(트빌리시)를 다시 점령함으로써 아제르바이잔, 아르메니아, 조지아의 2년~2년 9개월간의 짧았던 독립은 막을 내리고 말았다.

  이후 레닌은 백군과의 내전에서 완전히 승리한 후 1922년 12월

📷 Sardarapat에서 독립 100주년 기념행사를 하는 아르메니아(2018.5)

📷 아제르바이잔 간자의 독립기념 헤이다르 알리예프 공원

소연방(USSR, Union of Soviet Socialist Republics)[4]을 창설하면서 이들 남코카서스 3개국을 "트랜스코카서스 소비에트사회주의공화국 연방"이라는 이름으로 통합하여 소연방에 편입시켰다.

1920년 바쿠에 진주한 볼셰비키

이들이 다시 3개 공화국으로 나뉜 것은 1936년 12월 스탈린에 의해서였다. 스탈린은 내부 정치권력이 안정기에 접어들자 "트랜스코카서스 소비에트사회주의공화국 연방"을 해체하고 조지아, 아제르바이잔, 아르메니아의 3개 소비에트 사회주의 공화국으로 분할하여 각각 소연방의 구성공화국으로 승격시켰다. 독립심과 경쟁심이 강한 코카서스 민족들을 분할하여 효율적으로 통치해 보려는 의도였지만, 결국은 1991년 소연방 붕괴 후 이 지역에서 3개의 민족국가가 자연스럽게 부활되도록 하는 계기가 되었다.

3. 소연방(소련)의 붕괴와 3개국의 재독립

인류 역사상 처음으로 국가적 차원에서 공산주의를 수용하여 나라 발전을 모색했던 소련에서 혁명 후 60여년이 지나면서 공산주의 체제의 모순과 비효율성이 누적되어 더 이상 체제 유지가 어려워지자 소련 지도부는 1985년 젊고 개혁성향의 고르바초프를

---

4) 소연방은 '소비에트 사회주의 공화국 연방'을 지칭하는 약자로 본 책자에서는 독자들의 이해를 돕기 위해 연방을 강조하고자 할 때는 '소연방'으로 쓰고 보통은 일반적으로 사용되는 '소련' 혹은 없어진 나라를 지칭하기 위해 '구소련'이라는 용어를 혼용한다.

공산당 서기장으로 선출하여
위기탈출을 시도하였다.

📷 미하일 고르바초프

　고르바초프는 공산당 1당
독재를 종식시키는 정치민주
화와 시장경제 요소의 부분
적 도입을 통한 정치. 경제적
활력과 국가의 부활을 모색하
였으나 결과는 대실패였다. 소련을 지탱해 온 것은 공산당의 독재
권력과 비밀경찰 KGB의 감시와 억압이었다.

　이들의 권력을 약화시킨 공백의 자리를 민주주의와 창의적 기
업가 정신이 차지한 것이 아니라 소수민족 공화국들의 민족자결
과 독립 요구가 대체했다.

　발트 3국은 1988년 10월 에
스토니아를 시작으로 독립선
언의 전 단계로서 주권선언
을 한데 이어 1990에는 리투
아니아를 시발로 에스토니아,
라트비아가 탈소 독립을 선언
했고 남코카서스에서는 1989
년 4월에는 조지아가, 9월에
는 아제르바이잔이 주권선언
을 했다. 1990년 6월에는 새
로이 러시아의 지도자가 된
옐친 대통령이 러시아의 주권
을 선언했다. 소연방을 지탱

📷 독립요구 인간 띠 시위를 하는 발트3국
시민들(1989년)

하던 핵심 공화국인 러시아의 주권선언은 소연방의 존립에 치명타를 가했다. 우즈벡에 이어 몰도바, 우크라이나, 벨라루스가 러시아를 따랐다.

소연방 중앙정부의 고르바초프 대통령은 연방의 붕괴를 방지하기 위한 노력으로 각 공화국들에게 자치권을 대거 이양하는 신연방조약 체결을 통해 사태를 수습하려 하였으나, 1991년 8월 신연방조약을 저지하려는 보수세력이 고르바초프 대통령을 연금하고 쿠데타를 일으켰다.

그러나 1991년 6월 러시아 역사상 처음으로 도입된 대통령 직접선거를 통해 러시아 대통령에 당선된 옐친이 반쿠데타 저항을 주도하면서 보수파의 쿠데타는 3일 천하로 끝나고 말았다.

🎦 쿠데타군 탱크에 올라 소련 보수파 쿠데타에 저항을 촉구하는 옐친 러시아 대통령(1991년 8월, 모스크바)

엘친의 보수파 쿠데타 진압 후 각 공화국들의 독립선언이 이어지는 가운데 권력의 중심은 고르바초프에서 급격히 엘친 쪽으로 기울어 소연방의 중앙정부는 유명무실해졌다.

　엘친 러시아 대통령은 소연방을 이루는 핵심 국가들인 우크라이나 및 벨라루스 지도자와 함께 1991년 12월 8일 소연방의 해체와 독립국가연합(CIS)의 창설에 합의하였고 12월 21일 발트3국과 조지아를 제외한 여타 11개 공화국들이 이 합의를 추인함으로써 소연방은 해체되고 말았다. 조지아, 아르메니아, 아제르바이잔도 이 과정에서 1918년 이후 다시 독립을 회복하게 되었다.

📷 보수파 쿠데타 실패 후 레닌 동상을 끌어내리는 러시아 시민들

4. 나고르노-카라바흐 관련 아르메니아-아제르바이잔 전쟁

소련 중앙정부의 권력이 약화되어 가던 1988년 2월 아제르바이잔 내 아르메니아인 자치지역인 나고르노-카라바흐(Nagorno-Karabakh)가 자신들의 행정구역을 아르메니아로 옮겨달라는 청원을 하자 아제르바이잔인과 아르메니아인 간 해묵은 적대감이 되살아났다. 나고르노-카라바흐에서의 반 아제르바이잔 시위 소식과 그곳으로부터 쫓겨나온 아제르인들의 소식을 접한 아제르바이잔 제2의 도시 숨가이트에서 반 아르메니아 폭동이 일어나 공식적으로도 수십 명의 아르메니아인들이 피살되었다. 이 사태 이후 1988-89년간 나고르노-카라바흐 지역에 살던 20여만 명의 아제르인들이 다른 아제르바이잔 영토로 떠나야했으며, 이 과정에서 200여명이 사망했다. 1989년 12월 아르메니아 소비에트가 나고르노-카라바흐를 아르메니아에 통합시키겠다는 결정을 내리자 이번에는 아제르바이잔 수도 바쿠에서 대규모 반 아르메니아 폭동이 일어나 아르메니아인들을 무차별 공격했다. 사태가 악화되

📷 나고르노-카라바흐(지도내 갈색)와 아르메니아측 점령지(노란색)

자 1991년 1월 20일 소련군이 폭동진압을 명분으로 개입했다. 소련군의 강제진압 과정에서 131명이 사망하고 770여명이 부상을 당했다.

나고르노-카라바흐 사태는 1991년말 아제르바이잔과 아르메니아가 독립을 하면서 양국간 전쟁으로 확대되었다. 전쟁 양상은 소련군의 지원을 받은 아르메니아 측의 일방적인 승리로 귀결되었다. 1994년까지 지속된 전쟁에서 아르메니아군은 나고르노-카라바흐 뿐만 아니라 카라바흐 인근의 6개 구 등 아제르바이잔 영토의 13.2%를 점령했다. 전쟁의 결과 아제르바이잔은 영토 상실뿐만 아니라 2만여 명이 생명을 잃고 5만여 명의 부상자와 100만 여 명의 난민이 발생했다.

아르메니아는 점령지에 나고르노-카라바흐 공화국을 수립했다가, 2017년 주민투표를 통해 중세 이 지역에 존재했던 아르짜흐 왕국의 이름을 따서 아르짜흐 공화국(Republic of Artsakh)으로 국명

나고르노-카라바흐 다디방크(Dadivank) 수도원

을 바꾸었다.

나고르노-카라바흐(Nagorno-Karabakh) 분쟁의 뿌리는 100여 년 전으로 거슬러 올라간다. 나고르노는 러시아어로 '산 위의' 또는 '산 속의'를 뜻하며 카라바흐는 현지어로 '검은 정원(black garden)'을 뜻한다.

소코카서스 산맥 남쪽에 위치한 이 지역은 오랫동안 나라 없는 아르메니아인, 아제르바이잔인들이 평화롭게 어울려 살던 지역이었다. 그러나 볼셰비키 혁명 후 1918년 아르메니아와 아제르바이잔이 각각 독립된 민족국가를 선포하면서 영토 싸움이 시작되었다. 두 민족이 서로 섞여 살던 지역은 나고르노-카라바흐를 포함해 나히치반(Nahichivan), 장제주르(Zangezur, 아르메니아어로 Syunik 지방) 세 군데였는데 이 세 곳을 두고 두 민족 간 싸움이 벌어졌다.

나히치반에서는 오스만 투르크의 지원을 받은 아제르바이잔인들이 아르메니아인들을 몰아냈으나, 장제주르에서는 1914년 러시아의 오스만 투르크 공략에도 참여한 아르메니아의 전설적 게릴라 지도자 조라바르 안드라니크(Zoravar Andranik)가 뛰어난 무공을 발휘하면서 아제르바이잔인들을 쫓아냈다.

나고르노-카라바흐는 이란의 지배하에서는 아제르바이잔인들이 다수를 차지했으나, 1828년 러-이란 간 투르크멘차이 조약에 의해 제정 러시아의 영토가 된 후에는 아르메니아인들이 대거 이주하여 1918년에는 아르메니아인들이 절대다수를 이루고 있었다. 그러나 산악에 고립된 이들은 아르메니아와의 연계를 가지지 못한 채 볼셰비키가 이 지역을 장악한 다음에는 볼셰비키의 처리에 운명을 맡길 수밖에 없었다.

민족문제를 담당한 스탈린은 아제르바이잔인들이 장악한 나히치반은 아제르바이잔에, 아르메니아인들이 장악한 장제주르는 아르메니아에 귀속시켰으나, 거주민의 90% 이상이 아르메니아인들인 나고르노-카라바흐 지역은 아르메니아가 아닌 아제르바이잔 영토로 귀속시키고 대신 자치공화국의 지위를 부여했다. 양 민족 간의 분쟁의 씨앗을 심어놓은 것이다.

아르메니아인들은 고대 아르메니아의 티그란 대왕이 이곳에 왕의 도시인 티그라나케르트를 건설했고, 중세에 아르메니아계 아르짜흐 왕국이 있었던 나고르노-카라바흐 지역을 자신들의 영토로 소중히 기억하고 있다. 이 지역 아르메니아인들은 소련 시절에는 아제르바이잔에 귀속되어 있어도 큰 두려움 없이 살 수 있었으나 아제르바이잔이 아르메니아와 함께 독립의 길로 향하게 되자 오스만 투르크에 의한 대악몽이 되살아나 아르메니아에의 귀속을 요구했다고 볼 수 있다.

반면에 아제르바이잔인들은 나고르노-카라바흐가 자신들이 선조로 여기는 코카서스 알바니아의 영토였으며 대대로 아제르바이잔인들이 살아오던 곳이었는데 1828년 이후 러시아가 이 지역을 장악하면서 같은 기독교계인 아르메니아인들을 이주시켜 아제르바이잔인들을 몰아내고 있다는 불만을 갖고 있다. 더구나 1918년 3월 아르메니아인들이 장악하고 있던 바쿠 볼셰비키와 아르메니아인들이 바쿠 이슬람교도 절반을 대량학살한 일을 잘 기억하고 있다.

이러한 상호의 적대감과 증오가 1988년 나고르노-카라바흐 사태가 일어나자 양 국민이 처절하게 서로를 죽이는 최악의 상황으로까지 몰고 갔으며 사태의 평화적 해결을 어렵게 만들고 있다. 어찌 보면 제국들의 탐욕이 빚은 약소민족들의 비애이다.

나고르노-카라바흐 전쟁의 상흔

오늘날 아제르바이잔은 나고르노-카라바흐의 고토 회복을 최우선과제로 삼고 있으나 조기 해결은 지극히 어려워 보인다. 하루 빨리 두 민족이 화해하여 자유롭게 국경을 왕래할 수 있기를 간절히 기원해 본다.

5. 조지아-아브하지아 전쟁

제정러시아에 병합되기 전 오랫동안 오스만 투르크의 지배를 받고 한때 준독립적 공국 지위를 유지했던 아브하지아(8660㎢, 수도 수후미)는 볼셰비키 혁명 이후 1922-1930년 러시아연방의 일원으로서 자치공화국 지위를 유지하고 있었으나, 1930년 스탈린에 의해 조지아에 합병되었다. 조지아에 합병된 후 조지아인들이 대거 아브하지아로 이주하여 1979년 아브하지아 인구는 49만명에 이르렀고, 이중 아브하지아인 비중은 83,000명으로 17%에 불과했고 조지아인 20만명(41%), 러시아인 78,000명(16%), 아르메니아인 73,000명(15%)으로 아브하지아인들은 민족적 위기의식을 가지고 있었다.

1988년 아브하지아인들이 제19차 소련공산당 당회의에 아브하지아의 분리독립 요구서한을 제출하면서 조지아인과 아브하지아인들의 갈등이 본격화되었다. 소련 지도부는 1989년 4월 탈소독립과 아브하지아의 완전한 조지아 편입을 요구하는 10만 조지아인들의 시위가 트빌리시에서 발생하자 소련군을 보내 진압하였다. 진압과정에서 20여 명이 사망하고 200여 명이 부상을 당했다. 이 사건은 조지아인들의 탈소 독립 열망을 강화시키고 조지아 정치를 과격화시키는 계기가 되었다.

1989년 7월에는 아브하지아 수도인 수후미 국립대학을 트빌리시 국립대 분교로 전환하는데 반대하는 아브하지아인들의 시위가 양 민족 간 충돌로 비화해 18명이 죽고 수백 명이 부상을 당했다. 양측 간 전쟁의 서막이었다.

아브하지아가 1990년 8월 탈조지아 독립 의사를 표명하고 1991년 7월 독립을 위한 새로운 의회선거법을 채택하자, 조지아는 이를 모두 무효로 선언했다. 그리고 아브하지아가 소연방 붕괴 직후인 1992년 7월 독립을 선언하자 8월 조지아군이 아브하지아 수도 수후미를 무력 점령함으로써 내전이 발발했다.

초기 수후미를 비롯하여 거의 전 지역을 조지아군이 장악했으나 체첸 등 코카서스 산악 부족들과 러시아군의

📷 탈 조지아 독립을 위해 싸우는 아브하지아인들(1992년)

아브하지아 지원으로 전세가 역전되어 양측 간 비인도적 잔학행위가 행해졌고 특히 그곳에 살던 조지아인들이 대거 학살되었다.

교전이 격화되자 러시아와 UN이 개입하여 1993년 12월 정전협정을 체결하고 조지아군이 철수했으나, 이후에도 양 민족 간 전투가 지속되어 1994년 CIS 평화유지군과 UN 휴전감시단을 파견할 때까지 양측에서 약 2만 명이 사망하고 25만 명의 난민이 발생했다.

이후 아브하지아는 러시아의 지원 하에 사실상 독립 상태를 유지해오디가 2008년 러시아-조지아 간 전쟁이 발발하자 아브하지아군도 그

📷 아브하지아 전선의 조지아 군인들(2008년)

간 아브하지아 코도리 협곡(Kodori Gorge)에 잔류하던 조지아군을 공격하였다.

이에 러시아군 9,000명이 평화유지군 강화 명분으로 아브하지

📷 독립 승인에 환호하는 아브하지아인들(2008)

아에 진입하자 조지아군은 8월 13일 아브하지아에서 완전히 철수하였다. 이후 러시아는 2008년 8월 26일 아브하지아의 독립을 승인함으로써 조지아는 아브하지아를 상실했다.

현재 러시아가 평화유지군 명목으로 2,500명의 군 병력을 파견하고 있으며, 러시아 외 니카라과, 베네수엘라 등 수 개국이 아브하지아의 독립을 승인하고 있다.

6. 남오세티아 관련 러시아-조지아 전쟁

남오세티아(3,900㎢, 수도 츠힌발리)는 조지아 중북부의 오세트인 자치주로 북쪽은 러시아의 북오세티아와 접해있다. 1989년부터 조지아의 탈러시아 운동이 가속화되자 남오세티아는 1989년 11월 러시아 북오세티아와의 통일을 결정하면서 분쟁이 시작되어 1990년 말부터 조지아와 유혈분쟁에 돌입하였으나, 1992년 러시아의 개입과 중재로 휴전에 들어간 후 사실상 조지아의 주권이 미치지 못해 왔다.

2004년 장미혁명으로 집권한 친미성향의 사카슈빌리 조지아 대통령은 자신의 정치적 입지 강화를 위해 2008년 8월 7일 북경 올림픽이 개막되고 있는 순간 남오세티아 복속을 위해 수도 츠힌발리를 전격 침공하였다. 그러나 다음날 러시아군이 자국민 보호를 명분으로 남오세티아로 진군, 조지아군을 축출하고 고리 등 조

ⓒ 2008년 당시 사카슈빌리 조지아 대통령

📷 남오세티아로 진격하는 러시아군 행렬(2008년 8월)

지아에 대한 공습을 감행함으로써 조지아-러시아산 선생으로 확
대되었다.

조지아는 미국과 서방의 지원을 기대하였으나 서방이 미온적
태도를 보임에 따라 전쟁 개시 5일 만에 러시아에 항복하였다.

프랑스의 중재에 따라 휴전에 합의하고 러시아군이 조지아에서
철수하였으나 남오세티아에는 평화유지군으로 잔류하였다. 이후
러시아는 8월 26일 아브하지아와 남오세티아의 요청에 따라 이들
의 독립을 승인하였다. 현재 니카라과, 베네수엘라, 나우르가 이
들의 독립을 승인하였다.

제3장

조지아

❊ ❊ ❊

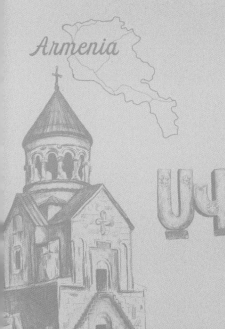

📷 조지아 지도

1. 조지아 개황

조지아는 국토의 대부분이 대코카
서스 산맥과 소코카서스 산맥 사이에
위치해 있는 산악국가이다. 북쪽으로
는 러시아와 723km의 긴 국경을 접
하고 있으며, 동쪽으로는 아제르바이
잔과 480km, 남쪽으로는 아르메니
아와 164km, 서남쪽으로는 터키와
252km의 국경을 접하고 있으며, 서
북쪽으로는 흑해(310km)와 닿아 있다.
지역별로 산악으로 막혀있는 곳이 많

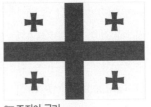

◉ 조지아 국기

◉ 조지아 국장

아 코카서스 3국 중 지역별, 인종적 다양성이 가장 크다.

조지아 기본 제원

- 면적 : 69,700㎢
- 인구 : 약 4,92만명(2018년)
- 수도 : 트빌리시(Tbilisi), 면적 504 ㎢, 인구 약 116만명
- 종교 : 조지아 정교
- 공식언어 : 조지아어이나 러시아어와 영어가 널리 통용
- 화폐단위 : 조지아 라리(Lari)이며, 공식 표기는 GEL
- 경제지표 : 구매력 기준 GDP 398억$, 1인당 GDP 10,700$
- 시간대 : 한국보다 5시간 느리고, 모스크바 보다 1시간 빠름
- 국제전화 국가코드 : +995번, 트빌리시 지역코드 +995 32
- 국가 인터넷 도메인 : .ge
- 사용전압 : 220v, 50Hz

1991년 4월 독립 직후 급진 민족주의자인 감사후르디아(Zviad Gamsakhurdia)가 초대 대통령에 당선되었으나 과격한 정책으로 인해 내전으로 쫓겨나고, 1992년 아브하지아와의 전쟁을 거쳐 구소련 외무장관으로 한-소 수교에 서명했던 세바르드나제(Eduard Shevardnadze)가 혼란한 사태를 수습하고 2대 대통령에 당선되었다.

감사후르디아는 구소련 말기 조지아의 탈소 독립운동을 주도하였으나, 초대 대통령에 당선된 후 새로운 국가의 기틀을 잡는데 집중하기 보다는 남오세티아나 아브하지아 등 소수민

ⓒ 세바르드나제

족과의 분쟁에 치중함으로써 국민들의 신뢰를 상실했다.

셰바르드나제 대통령은 신생 독립국가로서 내전을 겪은 조지아가 민주주의 시장경제를 지향하도록 하는 기초를 놓았으나 장기 집권으로 인한 부정부패로 인해 2003년 11월 장미혁명으로 물러나고 친미 성향의 사카슈빌리(Mikhail Sakashvili) 대통령이 2012년까지 통치했다.

미국의 변호사 출신으로서 셰바르드나제 대통령에 의해 법무장관으로 발탁되었다가 장미혁명을 통해 집권한 사카슈빌리는 조지아의 법치 확립과 시장경제의 정착에 어느 정도 성공을 거두었으나 2008년 조지아의 통치권이 미치지 못하던 남오세티아를 복속하려는 군사적 행동을 취하는 오판을 함으로써 궁극적으로 러시아의 군사 개입을 초래하고 아브하지아와 남오세티아가 사실상 독립하게 되는 빌미를 제공하였다.

그 후 학자 출신으로 중도성향의 마르그벨라슈빌리(Giorgi Margvelashvili)가 2018년까지 뒤를 이었다. 그러나 사카슈빌리의 독단적인 남오세티아 군사작전 결정은 대통령 권한의 축소 개헌으로 이어졌고 조지아는 최종적으로 2017년 10월 헌법 개정을 통해 의원내각제로 정치제도를 바꾸어 정치적 실권이 총리에게 넘어갔다.

ⓒ살로메 주라비슈빌리
현 조지아 대통령

2018년 11월 현행 조지아 헌법상 마지막 직선 대통령 선거에서 결선투표 끝에 프랑스에서 태어난 프랑스 외교관 출신으로 친서방 성향인 살로메 주라비슈빌리(Salome Zurabishvili)가 여성으로서는 최초로 대통령에 당선되었으며, 2024년부터는 의회와 지방정부 대표들에 의해 대통령이 간선으로 선출된다.

📷 장미를 들고 시위하는 조지아 시민들

📷 자유광장에서 셰바르드나제의 퇴진을 요구하는 시위대 모습(2003년 11월)

경제는 러시아와의 전쟁이 끝난 후인 2010년부터 완만한 성장세를 유지하고 있으며, 주요산업으로는 농업과 목축업, 관광산업이 있고, 카스피해 에너지의 중요한 대서방 공급 루트로서 카스피해에서 지중해에 이르는 송유관과 가스관이 모두 트빌리시를 지나고 있다.

2008년 조지아-러시아 간 전쟁 이후 아브하지아와 남오세티아가 러시아의 후원 하에 사실상의 독립 상태를 유지하고 있는 등 영토가 이리저리 찢기는 아픔을 당하고 있다.

외부세력(러시아)의 조지아 점령(붉은색)을 표시한 지도(역사박물관)

2. 자연과 지리 및 기후

조지아는 국토의 약 90%가 해발 1,000m 이상의 산악지형으로, 러시아와 경계를 이루는 북쪽은 대코카서스 산맥의 주봉들을 이루는 산악지대이고, 남쪽으로는 터키, 아르메니아와 소코카서스 산맥을 경계로 하고 있어 역시 산악지대이며, 그 사이에 서쪽으로는 콜치스(Colchis) 저지대, 동쪽으로는 카헤티(Kakheti) 평원이 있다. 대코카서스 산맥에는 스바네티주의 최고봉 슈하라(Shkhara, 5,068m)봉을 비롯하여 장히타우(Janghitau, 5,058m)봉, 카즈베기(Kazbegi, 5,033m)봉 등의 거대하고 높은 고봉들이 있고, 소코카서스 산맥에는 3,000m 내외의 산들로 이루어져 있다.

조지아의 중앙에는 남북으로 리히(Likhi) 산맥이 대코카서스와 소코카서스를 연결, 조지아를 동서로 나누고 있다. 고원과 고산지대에 나무는 거의 자라지 않으며, 봄과 여름에는 낮은 지역에는 야생화와 들풀이 마치 양탄자를 깔아놓은 듯 전 국토를 아름답게 뒤덮는다. 겨울에는 산악이 모두 흰 눈으로 완전히 덮여 순백의 아름다운 대지를 선사한다. 그러나 웅장하고 아름다운 자연은 인간의 접근을 쉽사리 허락하지 않는다. 그저 바라만 볼 수 있을 뿐이다.

소코카사스 산맥에는 수많은 호수들이 있고 보르조미 지역은 거대한 보르조미-하라가울리 국립공원(Borjomi-Kharagauli National Park)

📷 조지아 트빌리시에서 카즈베기 가는 길 옆 풍경

이 있으며, 이 지역에서 나는 보르조미 광천수는 매우 유명하다.

조지아인들은 자신들이 물려받은 천혜의 자연에 대해 다음과 같이 말한다. 어느 날 신이 여러 민족들을 모아놓고 각 민족이 살 땅을 배분해 주었다. 그러나 게으른 조지아인들은 늦게 오는 바람에 땅을 배정받지 못했다. 아무 데나 살라며 자신의 땅을 배정받지 못한 조지아인들은 그래도 어디든 달라고 신을 졸라댔다. 조지아인들이 하도 귀찮게 굴어 신은 마침내 말했다. "내가 딱 한군데 내가 살려고 남겨둔 땅이 있는데 이것을 너희에게 주마." 이렇게 얻은 땅이 조지아라는 것이다.

남코카서스의 기후와 날씨는 남코카서스의 위도가 트빌리시 북위 41° 43′, 예레반 40° 11′, 바쿠 40° 23′ 등 서울보다 3~4° 높으나 높은 대코카서스 산맥이 북으로 부터의 찬 공기 남하를 막아주어 전반적으로는 한국의 계절 변화 및 기온과 별 차이가 없으며 약간 따뜻하다. 그러나 4~5000 미터를 넘나드는 코카서스 산

📷 조지아의 스키장 구다우리의 봄

맥과 해수면 보다 낮은 카스피해 저지대 지역 등이 혼재해 있어 11개 기후대 중 9개 기후대가 있을 정도로 지역에 따라 기후 변화가 심하다.

조지아의 기후는 좁은 국토에도 불구하고 지역과 지형에 따라 매우 다양하다. 서부 흑해 연안 지역은 습한 아열대성 기후를 보이고 있고, 동부는 아열대에서 온난대까지 나타난다. 대코카서스 산맥은 북극으로부터의 한파를 막아주며, 소 코카서스 산맥은 남쪽으로부터의 덥고 건조한 공기를 막아준다. 이로 인해 여름 평균기온은 19℃~22℃이며, 겨울 평균기온은 1.5℃~3℃이다.

봄은 짧고 여름은 건조하고 더우나 심하지는 않으며, 스바네티 같은 산악지역은 여름에도 시원하며, 10월 말부터는 눈이 내리기 시작한다.

3. 민족과 언어

조지아에는 다양한 민족이 살고 있다. 조지아인이 다수(86.8%)를 이루고 있으나, 아브하지아인, 오세티아인, 아자리아인, 스반인, 밍그렐리아인 등 소수민족과 러시아인, 우크라이나인, 아르메니아인, 아제르바이잔인, 그리스인 등 인접국으로부터의 다양한 민족이 살고 있다.

이중 아브하지아 자치공화국과 남오세티아 자치주는 2008년 러시아의 지원하에 조지아로부터 분리독립을 추구하여 각각 아브하지아 공화국과 남오세티아 공화국을 선포함으로써 조지아의 통제가 미치지 못하며 조지아에서 이들 지역을 여행할 수도 없다.

조지아는 독자적인 언어 체계와 문자를 가지고 있다. 조지아어

📷전통 민속의상　　📷전통복장의 조지아 남녀　　📷전통 민속의상

는 세계에서 가장 오래된 언어의 하나이며 어느 다른 언어와도 닮지 않은 독특한 언어이다. 조지아 문자의 유래와 각 알파벳이 어떻게 만들어졌는지에 대해서도 모르는 점이 많다.

　다만 조지아는 3개의 알파벳이 있었으며, 현재 쓰이는 것은 3번째 알파벳으로 므헤드룰리(Mkhedruli)라고 부르며, 첫 번째 아솜타브룰리(Asomtavruli)와 두 번째 누스후리(Nuskhuri) 알파벳은 사문화 되었다.

📷조지아의 므헤드룰리 문자

　므헤드룰리 알파벳은 총 33자이다. 현재 조지아 내에서는 조지아어가 공용어이며 조지아어는 소수민족들이 사용하는 밍그렐리아어(Mingrelian), 라즈(Laz)어, 스반(Svan)어와 함께 남코카서스어족(Kartvelian language family)에 속한다. 그렇지만 이들 언어가 언제 생겨났는지는 아직도 연구대상이다. 아브하지아와 남오세티아는 또한 그들의 언어를 가지고 있다.

　오늘날 현지에서는 조지아어 외에 구소련의 영향으로 대부분의 사람들이 러시아어를 쓰고 있으나, 2008년 러시아와의 전쟁 이후 조지아 정부는 모든 초등학교 내 러시아어 교육을 폐지시킴으로써 젊은 층에서는 러시아어를 모르는 사람들이 많으며 영어가 널리 통용되고 있다.

4. 종교와 문화

종교는 조지아 정교이다. 조지아도 아르메니아(301년)에 이어 337년 기독교를 국교로 받아들인 최초의 기독교 국가 중 하나이다. 일찍부터 자신들의 언어와 문자를 가지고 있었던 것도 기독교의 전파와 발전에 커다란 역할을 했다.

전국 각지와 깊은 산속에도 초기의 교회 유적들이 산재해 있으며, 터키 접경의 서남부 바르드지아(Vardzia)나 고리(Gori) 인근의 우플리스찌헤(Uplistsikhe), 트빌리시 남쪽의 다비드 가레지(David Gareji) 등 대규모 동굴사원들이 많다.

조지아는 거대한 자연환경에 대한 경외감과 상상력으로 예술가나 철학자, 작가들을 많이 배출하였으며 러시아의 대문호들인 푸쉬킨이나 레르몬토프, 마야코프스키, 파스테르나크 및 음악가 차이코프스키

ⓒ알렉산드르 푸쉬킨 초상화
(모스크바 푸쉬킨 박물관)

등이 조지아에 머물면서 예술적 영감을 얻었다.[1]

쇼타 루스타벨리(Shota Rustaveli)는 조지아가 자랑하는 12~13세기의 『호랑이 가죽을 두른 용사』의 저자이다. 이 작품은 조지아

---

1) 코카서스 특히 조지아에 머물면서 문학적 영감을 얻어 쓴 19세기와 20세기 러시아 문인들의 작품과 조지아, 아르메니아, 아제르바이잔의 저명한 문인들의 대표적 작품에 대해서는 최근 발간된 "코카서스 3국 문학 산책"(허승철 역, 2018년, 문예림)을 참고하기 바란다.

역사의 황금기인 타마르(Tamar) 여
왕 재위 기간(1184~1213)에 쓰여진 민
족적 영웅서사시로 2013년 유네스
코(UNESCO) 세계기록유산으로 지
정되었다. 루스타벨리의 초상화는
예루살렘의 성십자가 수도원의 교
회 기둥에 그려져 있는데 2004년에
누군가가 얼굴을 훼손시켰다. 조지
아는 물론 상트 페테르부르그, 타시

📷 트빌리시의 쇼타 루스타벨리 동상

켄트 등 CIS 국가 전역에 그를 기리는 동상과 거리명이 있다.

트빌리시에는 쇼타 루스타벨리 지하철역 바로 앞에 웅장한 그
의 동상이 서있으며 그의 초상이 100라리 지폐의 도안으로 사용
된다.

조지아 학생들은 초등학교부터 루스타벨리의 이 책을 배우고
암송하여 조지아인들은 누구나 이 책의 좋은 구절들을 알고 있
다. 조지아 책방에 들르면 손바닥만 한 포켓본에서 A4 크기의 국
배판본에 이르기까지 온통 이 책만 판다고 느껴질 정도로 조지아
인들의 사랑을 받는 작품이다. 서울에서 우리말로도 번역 출판되
어 있다.[2]

전통적으로 조지아인들은 잦은 외국의 지배 하에서 자신들의
내면을 감추기 위한 방법으로 베리카오바(Berikaoba)라는 가면극
을 즐겼다. 때로는 에로틱하고 해학적이고 정치 풍자적이며, 때로

---

2) 한글 번역본으로는 연세대학교 조주관 교수가 번역한 『호피를 두른 용사』(2016년,
    지식을만드는지식)와 고려대학교 허승철 교수가 번역한 『호랑이 가죽을 두른 용사』
    (2017년, 문예림)가 있다.

📷 베리카오바 댄싱 동상

는 사회적 항의를 담은 내용의 가면극 베리카오바는 오늘날도 조
지아인들이 즐기는 문화예술의 중요한 장르이다.

　현대 러시아의 외무장관과 총리를 역임한 프리마코프, 이바노
프 외무장관, 현 세르게이 라브로프 외무장관 등이 모두 어린 시
절을 조지아에서 보냈다는 점도 특이하다. 강대국으로 부활하려
하고 있는 러시아의 외교를 20년 이상 이 세 사람이 책임지고 있
다는 점이 흥미롭다.

　프리마코프는 초중등학교를 트빌리시에서 다녔고, 이바노프는
지방 아흐메타에서 자라고 교육받았으며, 라브로프는 트빌리시
솔로라키에서 어린 시절을 보냈다고 한다.[3] 거대한 산들을 배경

---

3)　이에 대해서는 『Русские в Грузии』(조지아 속의 러시아인들), Владимир Саришвил
и, 2017, Тбилиси를 참조하였다.

88　역사와 문화를 통한 코카서스 3국 들여다보기

으로 다양한 민족과 문화를 체험하며 보낸 세월이 강인함과 함께 포용력과 뛰어난 협상력을 키워주었던 것이 아닌가 생각해 본다.

5. 사회와 국민성 및 치안상태

조지아인들은 서쪽으로는 흑해 바다로 북쪽과 남쪽은 대소 코카서스 산맥으로 막혀 있어 코카서스 3국 중에서 가장 오랫동안 스스로의 왕국을 유지해 오면서 독자적인 정체성을 형성해 왔고 외부세계로 뻗어 나가려고 하기보다는 태어난 지역에 안주하려 했기 때문에 가장 코카서스적이라고 말해진다.

사람들은 매우 순박하고 친절하며 낙천적이다. 특히 만나는 사람 누구나 환대하며 호의적으로 대한다. 그러나 성정이 매우 감성적이고 급하며 폭발적인 면이 있다. 오랜 역사와 독자적인 문화를 발전시켜왔기 때문에 자존감이 강하며 자신들의 정체성을 짓밟으려 하면 분연히 저항한다. 풍요로운 땅에 많지 않은 사람들이 살고 있어서 그런지 호텔 조식을 보통 9시에 시작하는 등 게으른 면도 있다.

치안은 매우 좋은 편이다. 2017년 800만 명의 관광객이 조지아를 방문하는 등 유럽지역에서도 가장 안전한 지역 중 하나로 평가받고 있다. 트빌리시 시내의 뒷골목으로 들어가면 아직 개발과 정비가 덜되어 경제적 어려움이 느껴지고 지하 보도나 백화점 앞 큰 길거리에 구걸하는 사람들도 보이는 반면, 많은 명품점들이 중심가를 메우고 있고, 초현대식 호화 아파트도 많이 건축되어 있는 등 빈부격차가 느껴지나 거리는 비교적 활기차고 쾌활하다.

트빌리시 시내를 걷다보면 주인이 없는 커다란 개들이 사람들

📷 카즈베기 가는중에 길을 막은 양떼 모습

📷 길가에서 과일을 파는 주민들

이 많은 인도에서 조금도 거리낌 없이 편안하게 누워 자는 모습을 많이 볼 수 있다. 개들이 짖지도 않는다. 이는 조지아인들과 개들 사이에 어떠한 적대감이나 위화감이 없이 친근한 관계로 살아왔다는 것을 말하는 것 같아 흥미롭다.

지방으로 가다 보면 수백 마리의 양떼들이 도로를 따라 이동하여 교통을 방해하는가 하면 방목하는 소들도 도로를 제멋대로 이동해 교통을 방해하나 모두가 끈기 있게 소들이 완전히 지나가길 기다린다.

시골의 길가에는 집에서 재배하거나 만든 각종 과일과 치즈, 술과 심지어 가정에서 도살한 돼지고기 등을 걸어놓고 판매하는 등 옛날의 생활 모습도 볼 수 있는데 2라리만 주어도 각종 과일을 한 바구니 살 수 있다.

 비상시 긴급 연락처

우리 대사관 분관(12, Titsan Tabidze Street, Vake District)은 트빌리시 번화가는 물론 큰길에서도 다소 먼 산언덕 자락에 위치해 있어 여행객이나 교민들이 접근하기에는 조금 불편하다. 시내 중심가에도 똑같은 거리명이 있어 혼동이 많으므로 택시를 탈 때 꼭 바케(Vake) 지역이라고 말해야 한다.

• 대사관 분관 영사과 전화번호 : (+995) 322 97 03 18(근무시간 중)
　　　　　　　　　　　　　　　　(+995) 599 483 577(근무시간 외)
• 트빌리시나 조지아에서의 비상사태시 연락번호는 112번이다.

6. 통화와 환율 및 물가

조지아의 화폐단위는 라리(Lari)와 미국 달러 의 센트에 해당하는 하위단위인 테트리(Tetri)로 구성되어 있다. 은행 등에서의 공식적인 통화 표 기는 겔(Gel, Georgian Lari의 준말)로 표기하며 1

ⓘ 라리의기호

Lari(라리) = 100 Tetri(테트리)이다. 라리는 고대 조지아어로 재산을 의미하는 말이며, 테트리는 BC 6세기 콜치스 왕국에서 사용되던 화폐의 명칭에서 따온 것이라고 한다. 상점에 서 물건 값은 주로 Gel로 표기되어 있으며, Lari도 혼용한다.

지폐는 1, 2, 5, 10, 20, 50, 100, 200라리 단위 지폐가 있고, 동전 은 2라리, 1라리와 50, 20, 10, 5, 2, 1 테트리(Tetri)의 동전이 있다. 1라리, 2라리 지폐와 200라리 지폐는 거의 유통되지 않는다.

환율은 매일매일 변동환율제로 1$[4]는 대략 2.7Lari 내외이며, 사설환전소가 기차역, 버스 터미널, 시내 번화가 등 사람이 좀 모 이는 장소에는 어느 곳에나 있을 정도로 많고 주말에도 문을 열 어 언제 어디서나 편리하게 환전을 할 수 있으며, 사고 팔 때의 환 차도 크지 않아 넉넉히 바꾸어도 큰 손해 없이 쉽게 달러나 유로 로 다시 바꿀 수가 있다. 일반 사설환전소에서 커미션을 받는 경 우는 경험하지 못했으며, 이는 아르메니아와 은행이 운영하는 환 전소만 있는 아제르바이잔에서도 같다. 환전소에서는 미 달러화 와 유로화, 영국 파운드화, 러시아 루블화의 환전이 가능하다.

상점에서는 오로지 현지화폐인 라리로만 거래할 수 있으며, 시 장이나 개인상점에서는 달러나 루블을 받기도 한다. 대부분의

---

4) 본 책자에서는 $는 특별한 설명이 없는 한 미국 US$를 의미한다.

📷 조지아 지폐(Яндекс.Картинки> currency of georgia)

📷 조지아 동전(Яндекс.Картинки> currency of georgia)

호텔이나 식당에서는 크레디트 카드(Visa, Master Card, American Express)로 지불할 수 있으나, Guest House나 Hostel 등에서는 보통 카드를 사용할 수 없다.

교통요금이나 물가는 비교적 싼 편이다. 운전기사에 따르면 일반 월급자들은 보통 월 500라리를 받는다고 한다. 물가는 계속 변하는 것이지만 2018년 10월을 기준으로 할 때 다음과 같다.

음식 값은 저렴한 카페 17라리, 관광지 레스토랑 50라리, 맥도날드 햄버거 세트 10~13라리, 카푸치노 1잔 5라리 정도이다.

길거리 빵집이나 상점에서 빵이나 0.3리터 물, 주스 등은 1~2라리이고, 맥주 0.5리터에 2.5라리, 와인 0.75리터 1병 11라리, 우유 1리터 2.7라리, 바나나 1kg 3.2라리, 사과 1kg 2.5라리 정도 이다.

교통요금은 버스나 지하철 1회 탑승에 0.5라리이다.

조지아 어디를 가든 화장실을 이용할 때는 무료가 없고 돈을 내야 한다. 시내나 관광지는 대부분 1회 방문에 0.5라리 이며, 지방은 0.3라리를 받는 곳도 있으므로 동전을 항상 구비하고 다니는 것이 좋다.

7. 수도 트빌리시 들여다보기

1) 도시 개황

트빌리시는 가장 오래된 고대도시 중 하나이다. 트빌리시는 "따뜻한 물이 나는 곳"이라는 의미로 트빌리시 구시가지의 아바노투바니(Abanotubani)에는 현재도 유명한 유황 온천탕들이 많다. 5세기 바흐탕 고르가살리(Vakhtang Gorgasali) 왕이 이곳으로 사냥을 나왔다가 뜨거운 유황온천을 발견하고 이곳에 도시를 지으라고 명령하고 이름을 트빌리시로 명명했다고 한다. 아바노투바니에는 온천탕들과 함께 고대도시의 유적들이 많이 발견되어 보존되고 있다.

트빌리시는 이후 쿠라(Kura)강(조지아어로는 Mtkvari 강)을 따라 요새들이 건설되면서 발전하였으며, 이슬람 세력이 400년간 지배했었으나 조지아를 통일한 다비드 4세가 1122년 수도를 쿠타이시에서 트빌리시로 옮긴 이후 조지아 왕국들의 수도였다. 그리스나 아랍, 페르시아, 투르크 등 외부에서는 티플리스(Tiflis)라고 불렸고, 1936년에야 트빌리시라는 명칭을 되찾았다.

트빌리시는 628년 비잔틴 제국의 침입을 시작으로 아랍, 몽골, 투르크, 페르시아, 러시아의 침입을 받으며 27차례나 파괴되었다가 다시 건설되기를 반복하였다. 수많은 요새와 궁전과 성벽들이 건설되었다가 파괴되었다. 그럼에도 불구하고 조지아인들은 폐허

📷 트빌리시 자유광장 인근의 지하 유적

가 된 트빌리시를 버리지 않고 다시 재건하였다. 이들의 노력이 눈물겹다. 자유광장 주변 등 시내 곳곳에는 옛날의 요새와 성터의 흔적들이 많이 눈에 띈다.

지금은 나리칼라 요새(Narikala Fortress)와 에레클레 2세(Erekle II) 왕의 왕비 다레잔(Darejan)이 소유했던 조그만 궁전만이 비교적 원형대로 보존되어 있다.

오늘날의 트빌리시는 시 남쪽의 므타쯔민다(Mtatsminda) 산(해발 720m) 아래로 동북 방향으로 쿠라강(므트크바리 강) 양안을 따라 전개되어 있다. 현재의 트빌리시 중심부는 시 남동부 자유광장(Freedom Square)을 중심으로 동쪽의 구시가지(Old city)와 공화국 광장에서 서북쪽으로 장미혁명 광장(Rose Revolution Square)과 마르자니슈빌리(Marjanishvili) 전철역에 이르는 행정, 교육, 문화의 중심지역이다. 따라서 트빌리시는 고대와 현대가 조화롭게 공존하는 도시이다.

📷 '조지아의 어머니' 동상에서 바라본 트빌리시 전경

2) 숙박 시설

트빌리시에는 매리어트(Marriott), 빌트모어(The Biltmore), 래디슨(Radisson) 등 5성급 호텔에서 호스텔에 이르기까지 다양한 숙박 시설들이 있다. 특히 칼라(KALA) 구역이라 부르는 구시가지 내에 40$ 내외의 게스트 하우스 등 다양한 숙박 시설들이 많다. 중심에서 벗어나면 가격이 저렴하나 자유광장 주변이나 쇼타 루스타벨리(Rustaveli) 전철역 주변에 숙소를 정하면 교통과 관광이 매우 편리하여 시간을 절약할 수 있다. 대부분의 중소형 호텔이나 게스트 하우스는 숙박비 협상이 가능하며 현금으로 지불할 경우 5% 정도 디스카운트를 받을 수 있다.

 트빌리시 호텔에 대한 몇 가지 팁

값이 비교적 저렴하고 시 중심부에 위치해 관광, 교통에 편리한 호텔 몇 개 소개하고자 한다.

• Hotel Marlyn Tbilisi :

　주소 Kote Afkhazi street No.3,

　전화 (+995 32) 299 98 30,

　e-mail : info.hotelmarlyn@gmail.com

　자유광장 바로 옆 소형 호텔(2인실 60$/1박)

• Tbilisi View Hotel :

　주소 34, Kote Makashvili str.

　전화 (+995 32) 260 19 19

　e-mail: infotbilisiviewhotel@gmail.com

　트빌리시 시내 전경 최고(60~70$/1박),

　공항출영 가능

• Squirrel Hostel Tbilisi :

　주소 3/5 G. Tabidze street, Tbilisi

　전화 (+995) 597 14 21 82

　자유광장 바로 옆(2인실 20$/day)

• Tiflis Lux Boutique Hostel :

　주소 30 Griboyedov street, Tbilisi

　전화 (+995) 577 98 81 43

　쇼타 루스타벨리 지하철역 인근

• Old Tbilisi Gate :

　주소 6, letim Grudji street(Guest House)

　전화 (+995) 595 07 46 52

　e-mail : witaishvilisalome@yahoo.com

　자유광장 근처의 옛건물 개조(2인실 45$/day)

• ibis Styles Hotel : 주소 4 G. Tabidze street :

　전화 (+995) 322 00 24 24

　자유광장옆(120$/day)

게스트 하우스나 호스텔은 조식을 제공하지 않으며, 스스로 해결해야 한다. 최상급의 서비스와 음식을 즐기고자 하면 대형 호텔도 좋겠지만 소형의 Boutique Hotel도 있다. 트빌리시에서 2017년 세계 럭셔리 소형호텔로 선정된 13개 객실의 VINOTEL도 이중 하나이다. VINOTEL은 조지아 대통령궁에서 가까운 4, Elene Akhvlediani ascent에 위치해 있으며, 전화: (+995) 322 555 888 또는 e-mail: reservation@vinotel.ge로 예약할 수 있다.

대부분의 호텔에서 세탁을 요구하면 세탁물 1점당 5라리 정도의 가격에 세탁서비스를 해준다.

대형 호텔들에서 카지노를 운영하는 곳이 많은데 관광객 유치를 위한 것으로 보인다.

3) 교통

트빌리시 중심부는 하루에 걸어서 둘러보아도 거의 볼 수 있다. 그러나 여유를 가지고 내면을 살펴보며 돌아보자면 3~4일도 적다고 할 수 있다. 교통편은 버스와 지하철이 가장 보편적이고 택시를 타거나 개별 또는 단체로 city tour를 할 수 있다.

<버스>

트빌리시에서 버스는 가장 대중적인 교통수단이다. 100년 넘게 트빌리시의 주요 교통수단이었던 트롤리버스는 2006년 퇴역했다. 시내 대부분 지역에 버스가 안 닿는 곳이 없다. 요금은 1회 탑승에 0.5라리(50 테트리로 우리 돈 약 210원) 이다. 구간제가 아니라 탑승 횟수에 따라 요금이 부과된다.

물론 우리와 같은 환승제도는 없다. 교통카드를 구매해서 탈 때

📷 트빌리시의 시내버스

📷 트빌리시의 소형버스

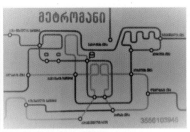

📷 트빌리시 교통카드(전면)　　📷 트빌리시 교통카드(후면)

만 카드판독기에 1회 체크하면 되고 내릴 땐 그냥 내리면 된다. 버스마다 남성 차장이 있어 카드가 없을 경우 현금으로 지불해도 된다. 버스 정류장에는 몇 번 버스가 다가온다고 표시를 해주나 버스 행선지 등 모든 안내 글씨가 조지아어로 쓰여 있어 읽을 수가 없기 때문에 사전에 목적지를 정해 놓고 몇 번 버스가 가는지를 확인한 후 탑승해야 차질이 안 생긴다.

교통카드는 지하철 카드로도 사용할 수 있으며, 지하철역에서만 2라리에 판매하고 버스 정류장 등에서는 팔지 않는다. 다만 카드 충전기는 주요 버스 정류장이나 호텔, 주요 거리 등에 설치되어 있어 수시로 충전해 사용할 수 있다.

📷 자유광장 버스정류장과 카드 충전기

그렇지만 관광객들로서는 외국어 선택 등 충전기에서의 충전이 쉽지만은 않다. 충전기에서 충전이 어려울 경우에는 지하철역에서 카드와 현금을 주고 얼마를 충전해 달라고 하면 충전을 해 준다.

<지하철(Metro)>

지하철은 구소련 시절인 1966년 1월 개통된 이래 1990년 확장되어 현재 Red-line(Akhmeteli-Varkrtili 노선)과 Green-line(Saburtalo 노선) 등 2개 노선이 있다. 지하철 운행시간은 아침 6시부터 밤 12시까지이다. 시내 주요 관광지는 지하철로 대부분 접근할 수 있다.

지하철 요금은 1회 탑승에 1라리이며, 역 입구에서 카드를 구매하여 원하는 만큼 충전하여 계속 사용할 수 있다. 지하철은 현금 탑승이 안된다. 카드가 없는 사람이 처음 카드를 구매할 경우 5라리를 내면 2라리는 카드 값이고, 3라리(3회 탑승 가능)만 충전이 된다.

📷 트빌리시 지하철 노선도

조지아 지하철을 비롯하여 구소련 시대에 건설된 코카서스 3국의 지하철은 모두 200여 미터 아래에 매우 깊게 건설되어 한국의 지하철과 달리 1개 역에 출입구가 단 하나만 있으며, 출입구도 보통 일반건물 내에 있어 외국 여행자들로서는 찾기가 쉽지 않아 각 국별 지하철역 표시를 잘 알아두어야 한다. 한번 타면 거리에 상관없이 요금이 같고 구간 요금제도 없어 탑승 시만 체크하고 하차 시에는 별도의 체크 없이 하차하여 나오면 된다. 그러기에 여러 사람이 함께 여행할 경우 교통카드를 한 장만 구입하고 금액을 여유 있게 충전하여 한 장의 카드로 여러 사람이 함께 이용할 수 있다.

📷 트빌리시 지하철 자유광장역 표지판

<택시>

택시는 승용차 위에 'TAXI'라는 표지 캡을 올려놓은 것 외에는 일반 승용차와 구별이 안 간다. 시내 대부분을 5~10라리면 갈 수 있다. 자유광장에서 4km 정도 떨어져 있는 주아제르바이잔 한국 대사관 트빌리시 분관까지나 예레반행 마르슈루트카(미니버스)[5]가 출발하는 오르타찰라 버스정류장까지도 흥정하여 5라리면 갈 수 있다. 자유광장에서 비행장 까지도 20라리면 된다.

핸드폰에 호출 택시 시스템인 Yandex Taxi 앱을 깔고 택시를 부르면 목적지까지 얼마인지가 계산되어 표시되기 때문에 바가지를 쓸 염려가 없으나, 언어 문제 등이 있을 수 있으므로 머무는 호텔에 Yandex Taxi를 불러달라고 요청하면 대부분 택시를 불러주고 요금이 얼마인지를 가르쳐 준다.

<트빌리시 City Tour>

여행시간이 짧거나 버스나 지하철을 이용하기가 불편하면 2층 무개 또는 유개버스로 된 City Tour 관광버스를 타고 트빌리시의 주요 곳을 돌아 볼 수 있다. 매 1시간 간격으로 9시 30분부터 21시까지 운행하며, 원하는 곳에서 내려 구경을 하다가 다음 버스를 타고 이동하면 된다. 24시간 사용할 수 있는 티켓이 50라리이며, 48시간 사용할 수 있는 티켓은 60라리이다. 저녁 6시에 하루 티켓을 사서 탑승할 경우 다음날 저녁 6시까지 이용할 수 있다.

---

5) "마르슈루트카(marshrutka)"는 러시아어로 일정구간을 왕복하는 교통편을 말하는 것으로, 주로 도시 간 운행하는 미니버스를 말하며 조지아와 아르메니아 곳곳에서 볼 수 있는 주요 교통수단이다.

📷 트빌리시 시티투어버스

4) 음식과 먹거리

조지아의 주식은 빵과 고기이다. 조지아의 지역적 다양성이 크 듯 음식도 지역에 따라 특색 있는 전통음식들이 많다. 그러나 여 기서는 트빌리시 지역을 중심으로 일반적으로 접할 수 있는 음식 들을 소개하고자 한다.

조지아의 빵은 밀가루 반죽에 아무 것도 넣지 않고 화덕에 구 운 둥글거나 카누 모양의 빵과, 다진 야채나 고기, 치즈, 팥 등을 넣은 각종 빵들이 많다.

화덕에 붙여 구운 둥근 모양의 중앙아시아 원류의 빵을 구소련 지역에서는 레뾰슈카(Lepyoshka)라고 부르나 조지아에서는 토니 스 푸리(Tonis puri)라고도 부르며, 카누 모양의 빵을 쇼티스 푸리 (Shotis puri) 또는 단순하게 쇼티(Shoti) 라고 부른다. 조지아에서는

📷 조지아 쇼티 푸리   📷 조지아 레뽀슈카

📷 치즈와 계란을 넣은 하차푸리   📷 팥을 넣은 로비아니

레뽀슈카 보다는 쇼티를 훨씬 즐긴다.

피자 종류도 즐기는데 하차푸리(Khachapuri)는 밀가루 빵 안에 치즈를 넣고 구운 조지아식 피자이다. 치즈 대신 팥을 넣은 하차푸리를 로비아니(Lobiani)라고 부르며 우리 입맛에 잘 맞는다.

육류는 양고기, 소고기, 돼지고기, 닭고기 모두를 즐기며 가장 보편적인 요리는 긴 쇠꼬치에 끼워 불에 직접 굽는 꼬치구이인 샤슬릭(Shashlik)이다. 원래 양고기 샤슬릭이 원조이나 오늘날에는 소고기, 돼지고기, 닭고기, 간, 야채 샤슬릭 등 매우 다양하다. 아랍의 영향으로 양고기 케밥도 많이 즐긴다.

조지아 전통 야채요리로는 아잡산달리(Ajapsandali)와 바드리자니(Badrijani)가 있다. 아잡산달리는 가지, 감자, 양파 등 여러 가지 야채를 함께 볶은 것으로 빵과 함께 들면 어울리며 얇게 썬 양고

📷 샤슬릭

기나 소고기를 넣고 요리하기도 한다. 바드리자니는 다진 견과류와 마늘을 가지에 싼 것으로 우리 입맛에도 잘 맞는다. 또한 조지아에서는 야채를 갈아서 야구공처럼 뭉쳐놓은 프할리(Pkhali)라는 샐러드류가 있는데 원채소의 종류에 따라 여러 종류의 프할리가 있다.

다진 고기를 양배추나 포도잎에 싸서 쪄낸 돌마와 꼭지가 달린 고기만두 힝칼리(Khinkali)도 유명하다. 특히 힝칼리는 꼭지를 잡고 만두 속의 국물을 함께 먹고 꼭지는 버리는 것으로 조지아만의 전통 음식이다.

수프류도 여러 종류가 있으나 다진 고기와 쌀, 너트, 플럼 등을 넣어 끓인 하르초(Kharcho), 양고기 덩어리를 강낭콩, 당근, 양파 등을 넣고 끓인 보즈바쉬(Bozbashi), 닭고기국인 치히르트마(Chikhirtma) 등이 비교적 우리 입맛에 맞는다. 물론 러시아의 비트 수프인 보르쉬도 제공하는 곳이 많다.

조지아인들이 가장 즐기는 후식과 간식거리로는 추르츠헬라

📷 식당 Georgian Cuisine의 힝칼리(만두)를 찌는 할머니 모형

📷 하르초 수프

📷 치히르트마 수프

(Churchkhela)가 있다. 호도나 땅콩, 아몬드 등 각종 너트를 포도즙
으로 만든 전통 반죽으로 입혀서 말린 막대기형 초 형태의 과자
(보통 20~30cm 길이)로 길거리나 시장, 지방의 관광지 등 어디에서나
가장 많이 파는 간식거리이다. 카헤티 지방의 추르츠헬라 제작방
식은 조지아의 무형문화재로 지정되어 있을 정도이다. 보통 1개에
1~2라리 정도 하나 포장이 잘된 고급 제품은 1개에 10라리 정도
이다.

사과, 배, 감, 복숭아, 석류, 밀감, 바나나 등 과일류가 매우 풍부
하며, 호도, 땅콩 등 너트류도 종류가 매우 많고 싸다.

📷 각종 추르츠헬라

　루스타벨리역 등 번화가에 맥도날드 햄버거 가게나 피자 가게 등이 있으나, 대부분의 길거리 카페나 레스토랑에서는 조지아 음식을 주로 판다. 대부분의 음식이 우리 입맛에도 맞아 어느 음식점을 가든 거부감 없이 여러 가지 요리를 즐길 수 있다. 조지아 전통술 차차(Chacha)나 와인을 한잔 곁들이면 기분이 절로 차차차다.

　전통 조지아 음식을 맛보기 위해서는 자유광장에 면해 있는 'Georgian Cuisine' 식당도 훌륭하다. 사람들이 많이 찾고 가격도 그리 비싸지 않다. 2인이 와인 한잔을 곁들인 식사를 하더라도 봉사료 포함 약 20$ 정도 나온다.

　웬만한 식당에서는 음식 값에 10~15%의 부가세 및 봉사료가 계산서에 추가로 포함된다. 팁을 신경 쓰지 않아도 되는 이유이다. 참고로 햄버거 세트 메뉴는 부가세 포함 10라리 정도이다.

📷 Georgian cuisine 식당 입구

📷 트빌리시의 친구 안드레이 막시모프 가족과 가우마르조스!

조지아인들은 저녁을 매우 중시하는데, 전통 조지아 정찬 (dinner)을 수프라(Supra) 라고 부르며, 수프라를 먹을 때에는 항상 포도주를 곁들여 마시며 건배를 하게 된다. 수프라 자리에서 건배하는 사람 즉, 타마다(Tamada, 건배자를 의미)는 가장 중요하고 존경받는 사람이 하게 되며, 손님으로서 건배를 요청받았다는 것은 커다란 예우를 받는 것이다. 조지아에서 건배자의 건배제의에 대한 응답으로는 "우리의 승리를 위하여!(to our Victory!)"를 의미하는 "가우마르조스!(Gaumarjos!)"가 가장 훌륭하고 보편적이다. 가장 흔히 쓰이는 인사인 '안녕(Hello)!'도 '가우마르조(Gaumarjo) 이다.

<조지아의 술>

조지아와 아르메니아는 서로 8000년 전 인류 역사상 최초로 포도주를 만들었다고 자랑하고 있으며, 예전부터 조지아 포도주와 아르메니아 코냑이 매우 유명하며 서로 자신들이 원조라고 주장한다.

그러나 이슬람교 국가인 아제르바이잔에서는 술을 거의 생산하지 않으며, 대신 '지혜의 물'이라며 차를 즐겨 마신다.

조지아 포도주와 아르메니아 코냑은 제정러시아는 물론 구소련 시절에도 러시아 국민 술인 보드카와 함께 상류층 러시아인들이 즐겨 마셨다. 조지아인들의 포도주 사랑은 각별하다. 카헤티나 이메레티 지역에 가면 대부분의 시골집에서 포도를 재배하고 포도주를 만든다. 포도의 종류와 재배지역에 따라 수백 가지 품종의 포도주를 만들어 낸다. 조지아를 여행하는 사람들이라면 트빌리시 관광지 어느 곳에서든 쉽게 볼 수 있는 와인바에 들러 입맛에 맞는 포도주를 선택하여 마시거나 여러 가지 포도주를 음미해 보

는 낭만을 즐기는 것도 빼놓을 수 없
는 묘미 중 하나이다. 조지아인들도
코냑을 안 만드는 것이 아니나 차차
(chacha)라는 술을 더욱 즐긴다.

조지아의 차차

코냑은 포도주를 최소 2회 이상 증
류해서 만드는데 비해, 차차는 으깬
포도를 발효시켜 1차 포도주를 추출
해낸 후 그 찌꺼기를 증류시켜 만든
다. 포도주나 찌꺼기를 다시 증류하
면 약 20도, 이를 2번째 증류하면 40도, 3번 증류하면 60도의 투
명한 고순도 코냑 원액과 차차를 얻을 수 있다. 코냑은 오크통에
서의 숙성과정에서 은은한 갈색으로 변하지만, 차차는 보통 숙성
없이 마신다.

차차에는 스탈린과 얽힌 일화가 있다. 미국의 루즈벨트 대통령
과 영국의 처칠 수상, 소련의 스탈린 등 3거두가 제2차 세계대전
의 전후처리를 논의했던 1943년 2월 크리미아 반도의 얄타 회담
에 조지아 고리에서 태어난 스탈린은 조지아 포도주와 차차를 가
지고 갔다. 스탈린은 만찬에 차차를 내놓으면서 "이것이 그루지아
[6] 코냑입니다" 하면서 자랑스럽게 차차를 소개했다. 술을 별로 좋
아하지 않았던 루즈벨트와 달리 처칠이 차차를 마셔보곤 "참 맛있
다"고 말하자 스탈린은 매년 처칠에게 차차를 선물로 보내주었다
고 한다. 스탈린 자신도 매일 포도주 한잔에 차차 20그램을 마셨
다고 한다.

조지아 사람들은 고농도 차차를 배앓이 등을 할 때의 민간 상

---

6) 그루지아는 조지아의 러시아어 명칭이다.

🎞 1945.2 얄타에서의 처칠, 루즈벨트, 스탈린

🎞 길거리에서 파는 각양각색의 차차

비약으로 사용하기도 하며, 온갖 과일과 야채의 담금주로 사용하여 각양각색의 홈 메이드 차차를 만들어 상점이나 길거리에서 팔고 있으며, "차차를 마시면 모든 근심걱정이 사라진다"는 간판까지 내걸어 놓고 차차 선전을 한다. 차차는 숙성기간이 없기 때문에 값이 코냑에 비해 비교적 저렴해 조지아인들의 국민 술 취급을 받으며, 러시아 국민주인 보드카에 비유하여 '조지아 보드카'라고도 불린다. 보드카가 무색무취인데 비해 차차는 코냑 원액의 은은한 향이 나는 데다가 첨가물을 통해 여러 가지 색을 띠기도 한다.

5) 볼거리

트빌리시의 볼거리 대부분은 구시가지인 칼라 구역과 자유광장 역에서 쇼타 루스타벨리 역에 이르는 루스타벨리 거리(Rustaveli ave.) 주변에 있다.

<낭만의 구시가지 KALA 구역>

자유광장에서 시작하여 구시가지를 남북으로 가르는 코테 아브하지 거리(Kote Afkhazi street)와 주변은 카페, 음식점, 기념품점, 와인 전문점 등으로 가득찬 우리의 인사동 같은 지역으로 밤낮을 가리지 않고 항상 관광객들로 붐빈다. 코테 아브하지 거리의 옛 명칭은 레셀리제(Leselidze) 거리이며, 아직도 많은 현지인들은 레셀리제 거리라고 부르고 있다. 코테 아브하지 거리와 쿠라강 서안의 지역에 있는 샤르데니 거리(Jan Shardeni str.), 시오니 거리(Sioni str.), 에레클레 2세 거리(Erekle II str.) 등은 보행자 전용거리로 트빌리시의 낭만을 만끽할 수 있는 지역이다. 술 마시는 청동조각상 '타마다(Tamada)' 도 이 보행거리에 있다. '타마다'는 '건배하는 사람'이

📷 트빌리시 타마다 동상

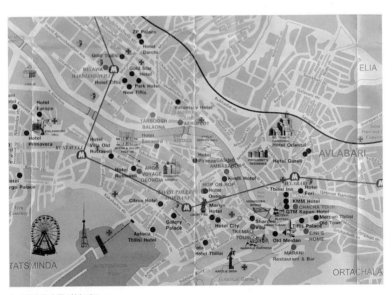

📷 트빌리시 중심부 지도

라는 뜻으로 흑해에서 가까운 바니(Vani)에서 출토된 BC 7세기경의 원본 작품을 17배 확대 제작하여 트빌리시 역사박물관 앞에 설치한 것으로, 원본은 조지아국립박물관에 보존되어 있다.

코테 아브하지 거리의 남동쪽 끝인 고르가살리 광장(Gorgasali Square) 주변은 최초의 트빌리시 도시 발상지로 여겨지는 곳으로 전설의 유황온천 지역 아바노투바니(Abanotubani), 나리칼라 요새(Narikala Fortress) 유적지, '조지아의 어머니(Mother of Georgia)' 동상과 고대유적 발굴지, 초기 교회들이 몰려있는 곳으로 관광객들에게 가장 사랑받는 곳 중의 하나이다. 아바노투바니(Abanotubani)는 현지어로 '목욕탕 지역(Bath District)'을 의미하는 말로 벽돌로 지은 작은 환기구만을 겉으로 내놓은 지하 목욕탕들이 즐비하다. 목욕탕은 대부분 가족탕으로 구획되어 있으며 가격은 크기에 따라 다르고 비용도 탕 하나를 빌리는데 40~100$ 정도이다.

고르가살리 광장에서 쿠라 강의 메테히(Metekhi) 다리를 건너면 강 절벽 위에 세워진 트빌리시 도시의 설립자 바흐탕 고르가살리(Vakhtang Gorgasali) 왕의 기마상이 있고 다레잔 왕비(Queen Darejan)의 궁전 유적이 있으며 '조지아의 어머니(Mother of Georgia)' 동상으로 올라가는 케이블카를 탈수 있다.

또한 쿠라강 동안 메테히 지역에는 리케(Rike) 공원이 트빌리시의 명물 '평화의 다리(Bridge of Peace)'로 이어지고, 공원 위 동북방향 언덕 쪽으로는 조지아 대통령궁이 보이고 대통령궁 뒤쪽으로는 조지아에서 가장 큰 성삼위일체 대성당(Holy Trinity Cathedral)이 있다.

가장 큰 도시유적과 성벽 등은 자유광장에서 강 쪽으로 나있는 푸쉬킨 거리(A. Pushkin str.)와 바라타슈빌리 거리(N. Baratashvili

자유광장 야경

str.)에서 만날 수 있다. 이들 거리와 주변에서는 '등불 켜는 아저씨(Lamplighter)', 가면극 '베리카오바(Berikaoba)' 등 유명 조형물들을 만날 수 있다.

<자유광장(Freedom Square)과 루스타벨리 거리(Rustaveli avenue)>
자유광장(Freedom Square)은 트빌리시의 구시가지와 신시가지를 나누는 중심점으로 주변에 명품 쇼핑가와 사무실 등이 에워싸고 있으며 광장 가운데에 황금색의 동상이 세워져 있고, 광장 서북쪽에는 'Galleria Tbilisi'라는 대형 쇼핑몰과 전철역이 있고, 북면은 버스 정류장으로 시내버스와 City Tour 버스의 출발점이며 Tourist Information Center가 있어 트빌리시 관광지도 등을 얻을 수 있다.

소련시대에는 레닌 광장이라 불렸으며 대형 레닌 동상이 서 있었으나, 1991년 8월 레닌의 동상이 끌어내려지고 2006년 악의 상징인 '용을 죽이는 성 조지(Saint George)' 형상의 기념물을 세웠다. 2003년 11월 셰바르드나제 대통령을 하야시킨 장미혁명(Rose Revolution) 등 정치적 변혁의 중심지이기도 하다.

자유광장에서 서북쪽으로 뻗은 루스타벨리 대로(Rustaveli avenue)는 조지아 의회, 대법원 등 관공서와 박물관, 미술관, 극장 등이 몰려있는 거리로 가장 번화한 지역이다. 대형 쇼핑몰은 물론 조지아 국립박물관, 조지아 국립미술관, 오페라 극장, 루스타벨리 극장, 영화관 등이 모두 이 거리에 몰려있어 '트빌리시의 문화거리'로 불린다.

또한 대로 8번지에는 조지아 국회의사당이 있고, 10번지에는 조지아에서 제일 유명한 고등학교인 제1 김나지움이 있다. 김나지

📷 루스타벨리 대로 'Galleria Tbilisi' 쇼핑센터 앞의 활기찬 모습

움 앞에는 조지아에서 가장 추앙받는 인물들인 일리아 차브차바드제(Ilia Chavchavadze, 1837~1907)와 아카키 쩨레텔리(Akaki Tsereteli, 1840-1915)의 동상이 세워져 있다. 작가이며 시인이고 사상가들이었던 이들 두 사람은 당시 조지아의 러시아화를 반대하고 민족해방운동을 이끈 선구자들이다. 두 사람 모두 초상이 조지아 지폐의 도안으로 사용되고 있다. 특히 정치인이기도 했던 일리아 차브차바드제는 조지아인들이 가장 존경하는 인물로 '왕관을 쓰지 않은 왕'이라는 별칭을 갖고 있으며, 1907년 미상의 자객들에 의해 암살되었으나 1987년 조지아 정교회에 의해 성인으로 추존되었다. 구소련 말기 민족주의자들이 '일리아 차브차바드제 협회'를 조직하여 탈소 독립운동을 주도했다.

거리의 북쪽 끝에는 장미혁명을 기리기 위해 명명된 '장미혁명 광장(Rose Revolution Square)'이 있다.

루스타벨리역 서쪽으로 케켈리드제 거리(Kekelidze str.)까지의 지역은 '하드록 카페(Hard Rock Cafe)'가 위치해 있는 등 젊은 층이 많

📷 제1김나지움과 차브차바드제(좌).쩨레텔리(우) 동상

이 찾는 거리이다.

<New Tiflis 지역>

쿠라(므트크바리)강 건너의 마르자니슈빌리(Marjanishvili) 역에서 내리면 남동쪽으로 아그마쉐네벨리 거리(Aghmashenebeli ave.)가 있다. 이곳은 새로이 조성되어 New Tiflis라고 불리는 지역으로 고딕, 르네상스, 바로크 및 현대적 양식의 각종 건물들이 아름답고 조화롭게 건축되어 웨딩드레스 거리를 이루고 있고, 이 거리의 일부는 보행자 전용거리로 조성되어 각종 노천카페와 레스토랑들을 수용하고 있어 젊은 사람들이 많이 찾는 곳이다. SALVE 거리라고도 불린다.

아그마쉐네벨리 거리의 남쪽 끝 자아르브루켄 광장(Zaarbruken Square)에서 걸어서 쿠라강의 추구레티 다리(Chugureti Bridge)를 건너면 이탈리아 거리(Italia str.) 양편 공원에 조지아의 각종 골동품

📷살베 거리의 풍경

과 기념품 등을 파는 굉장히 큰 노천 벼룩시장이 열린다. 추구레티 다리는 다른 말로 'Dry Bridge(Сухой Мост)'라고도 불린다.

<역 광장II(Station SquareII) 지역>

기차역 트빌리시 중앙역(Tbilisi Central Station)과 전철역 '역광장II(Station SquareII)'가 있는 '역광장II' 지역은 교통과 함께 상업의 중심지중 하나이다.

중앙역 역사 자체도 대규모 보석 상가 등 쇼핑몰을 겸하고 있고, 바로 옆에 대규모 도매시장과 재래시장이 있는 시장 구역이다. 이곳에서 가까운 아그마쉐네벨리 거리(Aghmashenebeli ave.)도 트빌리시의 유명한 쇼핑 거리이다.

🔘역광장‖ 지역 농산물 시장

<성삼위일체 대성당(Holy Trinity Cathedral)>

Tsminda Sameba Cathedral 또는 단순히 Sameba(Trinity를 의미하는 조지아어) 라고도 불린다. 조지아 정교회의 주성당으로 1995~2004년 사이 건축되었으며 전 세계의 동방 정교회 중 3번째로 높다.

조지아 출신으로 구소련 스탈린 시대 남코카서스 공산당 제1서기와 KGB 의장을 지냈던 악명높은 베리아(Lavrenti Beria)에 의해 파괴되었던 옛 아르메니아 무덤과 교회가 있던 자리에 세워진 대성당은 순수하게 조지아인들의 성금으로 지어진 것으로 조지아의 '국가적 정신적 부활'을 상징하는 것이다. 구소련의 붕괴로 새롭게 독립국가가 된 조지아가 소련이나 러시아에서 벗어나 조지아 정교를 중심으로 새로운 정체성을 확립하려는 노력의 일환이

📷 조지아 성 삼위일체 대성당

라고 볼 수 있다.

트빌리시 시내와 쿠라강이 내려다보이는 엘랴(Elia) 언덕에 있으
며, 조지아적 특색을 고루 갖추고 비잔틴 양식을 가미한 건축물
로 내부는 9개의 채플로 이루어져 있다. 아블라바리(Avlabari) 전철
역에서 걸어갈 수 있는 거리에 있다.

<'조지아의 어머니(Mother of Georgia)' 동상>

솔로라키(Sololaki) 언덕의 정상에 세워져 있는 이 동상은 1958년
트빌리시 성도 1500주년을 기념하기 위해 만들어졌다. 조지아 전
통의상을 입은 20m 높이의 이 여성상은 왼손에는 포도주 사발을
들고 있고, 오른손에는 검을 쥐고 있는 모습으로 조지아인의 민족
적 특성을 표현한 것이다. 친구로서 오면 환대하고, 적으로 오면

Mother of Georgia

📷 나리칼라 요새

끝까지 싸우겠다는 것이다.

리케 공원(Rike Park)에서 케이블카를 타고 올라갈 수 있으며, 걸어서 내려오면서 나리칼라 요새(Narikala Fortress) 유적을 둘러볼수 있고, 계속 내려오면 Old City 중심부로 이어진다.

나리칼라 요새 유적이 있는 솔로라키 언덕의 정상은 트빌리시시가지가 가장 아름답게 내려다보이는 곳으로 많은 관광객이 찾는다.

<마마다비티 교회(Mamadaviti Church)>

자유광장의 뒤쪽으로 므타쯔민다(Mtatsminda) 산 중턱에 마마다비티(영어로는 Mama David) 교회가 있다. 므타쯔민다 판테온(Mtatsminda pantheon)이라고도 한다. 앗시리아 신부 성 다비드 가레

지(St. David Gareji)의 이름을 따서 16세기에 지어진 이 교회는 조지아의 시인 등 유명인사들이 잠들어 있는 묘원으로 유명하다. 여기에 19세기 초 러시아의 유명한 극작가이며 외교관이었던 그리보예도프(A.S. Griboyedov)의 무덤이 있다. 교회 입구와 무덤 사이의 바위벽 안쪽에는 마시면 자식을 낳게 해준다는 전설의 샘물이 있다.

그리보예도프(1795~1829)는 제정러시아 상류 귀족사회를 비판하고 풍자함으로써 생전에 출판되지 못한 유명한 희곡 "지혜의 슬픔"의 저자이나, 한편으로는 냉혈한 외교관으로서 1828년 제정러시아가 페르시아로부터 남코카서스(Transcaucasus)를 양도받은 투르크멘차이 조약(Treaty of Turkmenchay)을 체결하는데 커다란 역할을 한 인물이다. 이로 인해 그는 테헤란 주재 러시아 대사로 부임했다가 1829년 초 성난 군중들의 대사관 습격으로 인해 34세의 젊은 나이에 피살되어 창문으로 내던져진 채 테헤란 거리를 끌려다니는 비운으로 생을 마감했다.

모스크바에서 태어나고 공부한 그리보예도프가 트빌리시에 묻힌 연유는 그가 페르시아 주재 대사로 임명되기 전 조지아에서 근무하던 때인 1828년 조지아 친구이자 제정러시아 장군이었던 알렉산드르 차브차바드제(A. Chavchavadze) 공의 딸 니노(Nino)와 결혼했기 때문이다.

1929년 6월 누군가가 테헤란의 쓰레기 더미에 버려진 그리보예도프의 남은 유해를 우마차에 싣고 티플리스(현 트빌리시)로 가던 중 당시 남코카서스를 여행하던 푸슈킨이 너덜해진 친구 그리보예도프의 시신을 마주치게 된 것은 유명한 일화이다.

니노는 남편의 죽음 소식을 듣고 배 속의 아이를 조산해 잃었으며, 이후 수많은 구혼을 물리치고 수절하며 살았다. 사후 남편의

🎦 마마 다비드 수도원

🎦 마마 다비드 수도원의 니노와 그리보예도프 무덤

옆에 묻혀 있다.

현재 아르메니아 딜리잔(Dilijan)에는 푸쉬킨이 친구 그리보예도
프의 시신을 만난 자리에 소련 시대에 세운 기념물이 있으며, 모

스크바와 예레반에 그의 동상이 세워져 있고, 상트 페테르부르그와 트빌리시에도 그의 이름을 딴 운하와 거리명이 있다.

그리보예도프의 이름을 딴 거리에 있는 Tiflis Lux Boutique Hostel(30 Griboyedov str.)에서 하룻밤을 묵으며 조지아를 사랑하고 계몽된 러시아 사회를 꿈꿨던 비운의 낭만주의자를 가슴으로 느껴보는 것은 어떨까?

<조지아 국립박물관(Georgian Natoinal Museum)>

조지아 국립박물관은 남코카서스 지역에서의 180만년 전까지 아우르는 인류의 두개골과 석기, 청동기, 철기 시대 등의 유물에서부터 20세기에 이르는 조지아의 문화와 역사를 전시해 놓은 박물관이다.

매우 많은 선사 시대의 고고학적 유물과 고대 콜치스 왕국의 정교한 금세공품 등에 놀라고, 남코카서스 지역에서 인류문명이 일

📷 조지아 국립박물관 유물

📷 2차대전 이후 조지아인에 대한 박해를 설명하는 자료들

찍부터 발전해 있었다는 점에 감명을 받게 된다.

20세기 들어 조지아의 1차 독립투쟁과 소련 공산혁명으로 인한 독립의 좌절, 이어진 소련의 억압과 박해, 2008년 러시아와의 전쟁, 러시아에 의한 남오세티아와 압하지아 지역의 분리 등을 강조하는 역사적 자료들을 매우 비중 있게 전시해 놓고 있다.

이는 조지아인들의 러시아에 대한 시각을 잘 반영한 것으로 19세기 초 러시아의 남코카서스 점령으로 상실된 조지아의 민족성과 정체성을 회복하려는 노력이다. 조지아 국립박물관은 루스타벨리 대로 3번지에 있으며, 화요일~일요일 10시부터 18시까지 개관하고 월요일과 공휴일은 휴관한다. 입장료는 7라리이다.

<Museum of Fine Arts>

조지아에는 미술박물관들이 매우 많다. 조지아 미술에 관심이 많은 분들은 이중에서도 다음의 박물관들은 어디를 가보아도 충분한 가치를 느낄 것이다. Museum of Fine Arts는 조지아 국립박물관 산하 박물관으로 중세 이후 조지아, 러시아, 동양과 유럽 작가들의 140,000여 점의 방대한 작품을 소장하고 있다. "Shalva Amiranashvili Museum of Fine Arts" 라고도 불린다. 자유광장 바로 옆에 있으며, 주소는 7, Lado Gudiashvili str.이다. 국립박물관과 마찬가지로 월요일은 휴관한다.

📷 Georgian Museum of Fine Arts가 소장하고 있는 조지아 풍경화

<Georgian Museum of Fine Arts>

동 박물관은 1950년대 이후의 현대 조지아 화가들의 컬렉션을 전시해 놓고 있다. 조지아 국립박물관 바로 옆의 최근에 신축한 현대적 건물이다. 입장료는 15라리이며, 주소는 7, Shota Rustaveli ave.이다.

<니코 피로스마니 국립박물관(Niko Pirosmani State Museum)>

조지아가 자랑하는 원시주의(primitivism) 화가 니코 피로스마니(Niko Pirosmani)의 개인작품들을 전시해놓은 피로스마니 전용 박물관이다. 니코 피로스마니는 제정러시아기 조지아 카헤티 지방의 농부의 가정에서 태어나 스스로 독학해 활동한 화가(1862~1918)로 조지아인들의 일상생활들과 사람들을 소재로 한 수많은 작품을 독특한 민화적 화풍으로 담고 있다.

피로스마니는 기아와 영양실조로 죽었을 만큼 생전에는 빛을

니코 피로스마니 작품

보지 못하였으나 사후 최고 화가의 반열에 올라 초상이 조지아 지폐의 도안으로도 쓰인다. 가난한 예술가로서 당대 최고의 클럽에서 노래하던 프랑스 출신 배우 겸 가수 마르가리타를 보고 한눈에 사랑에 빠져 이 여인에게 자신이 가진 모든 것을 털어 백만 송이 장미를 보낸 아름답지만 슬픈 일화의 주인공이다. 이 일화는 소련의 유명가수 알라 푸가초바가 "백만 송이 장미"라는 노래로 재현하였다. 한국에서도 심수봉이 이 노래를 불러 널리 알려져 있다.

주소는 29, Niko Pirosmani str.이며, 화요일~토요일 10시부터 18시까지 개관하고, 일요일과 월요일은 휴관한다.

8. 조지아 지방 명소

조지아는 오랫동안 여러 왕국들로 나뉘어져 있었고, 지리적으로도 다양해 각 지역별로 자연과 역사, 문화에 특색을 지닌 곳이 많다. 따라서 트빌리시를 제외한 조지아의 지방은 몇몇 특색 있는 지방을 정해놓고 그 지방을 관광하는 방식으로 둘러보는 편이 좋다. 대부분의 지방 도시들은 트빌리시에서 하루에 다녀올 수 있다.

이들 지방 도시들은 미니버스를 타고 가는 방법이 가장 저렴하나, 트빌리시의 각 여행사들이나 호텔들은 하루 코스 투어 상품을 다양하게 개발해 놓고 있어, 실정에 맞게 선택하여 관광할 수 있다. 독일제 미니밴에 가이드를 포함한 3~5인의 소수 고급투어는 하루에 1인당 80~100$이나, 대형버스를 이용한 그룹투어는 하루에 1인당 40라리(15$)~60라리(22$) 정도이다.

그룹투어 버스를 이용하기 위해서는 트빌리시 시내 City Tour 버스를 운행하는 "Hop on hop off – tbilisi" 라는 여행전문회사

➕ "Hop on hop off – tbilisi" 접촉 방법

• 전화 : (+995) 595 170502

• mobile p : +7 499 2267503

• 사무실 1 : Tbilisi, Freedom sq., Pushkin st. 9

• 사무실 2 : Tbilisi, Kote Abkhazi st. 30

• 홈페이지 : info@hoponhopoff.ge

• 웹주소 : www.hoponhopoff-tbilisi.com

를 접촉하여 예약하면 편리하다.

트빌리시 자유광장 앞에는 항상 투어버스가 서 있고, 동사 사무실도 바로 옆에 있으므로 쉽게 찾을 수 있다. 5명 이상 그룹이 함께 이용하거나 online 예약을 하면 10% 까지 할인을 받을 수 있다.

2~3명의 가족이 오붓하고 자유롭게 여행하고자 할 때에는 운전기사가 딸린 승용차를 대절하여 다닐 수 있는데 여행사를 통하여 예약하면 보통 1일 270라리(100$, 유류비 포함)를 요구하나, 호텔 등에 문의하여 택시를 구해달라고 하면 1일 60~70$에도 웬만한 곳을 다 다녀올 수 있다. 이 경우 그룹투어보다 하루에 더 많은 곳을 돌아볼 수 있는 이점이 있다.

<기독교 성지 므쯔헤타(Mtskheta)와 즈바리(Jvari) 성당>

므쯔헤타(Mtskheta)는 구시가지 전역이 유네스코 문화유산으로 지정되어 있는 고대 조지아 이베리아(Iberia) 왕국의 수도였던 소도시이다. 트빌리시에서 북쪽으로 20km, 자동차로 30분 거리에 있는 유적 도시로 아라그비(Aragvi) 강과 쿠라(므트크바리) 강이 합

📷 므쯔헤타 스베티쯔코벨리 성당

처지는 곳에 위치한 매우 아기자기하고 그림 같이 아름다운 곳이
다. 시 중심부에 조지아에서 가장 큰 고대 건축물인 스베티쯔코
벨리(Svetitskhoveli) 대성당이 있다. 스베티쯔코벨리(Svetitskhoveli)는
'생명을 주는 기둥'이라는 뜻으로 성당을 떠바치는 7번째 기둥이
빛과 향기가 나고 사람의 병을 고쳐주는 신통력이 있다는 전설에
따라 붙여진 이름이다.

　조지아를 기독교로 개종시킨 성 니노(St. Nino) 수녀의 조언에 따
라 미리안(Mirian) 왕이 조지아의 기독교 국교화를 기념하기 위해
조로아스터교 사원의 자리에 세워진 대성당은 여러 세기 동안 조
지아 왕들이 대관식을 올리고 왕과 왕족들이 죽은 후 매장하는
장소로 사용되었다.

　성당 내부에 예수의 가운[7]이 묻혀있다는 제단(ciborium)이 있으

---

7)　조지아 국가관광청에서 2017년 발간한 므쯔헤타 안내 팜플렛에 따르면 스베티쯔
　　코벨리(Svetitskhoveli) 대성당이 조지아로 가져온 '예수의 셔츠'를 묻은 장소에 세워

■◎ 즈바리 성당 나무십자가

며, 트빌리시 건설자 바흐탕 고르가살리 및 에레클레 2세를 비롯한 여러 왕들이 이곳에 묻혀있다.

므쯔헤타 시내에서 남서 방향의 산 정상에 조지아인들이 가장 신성시하는 즈바리(Jvari) 성당이 보인다. '즈바리'는 '성 십자가(Holly Cross)'를 뜻하는 말로 공식적으로는 '므쯔헤타 성십자가 성당'이다. 이 성당은 4세기 초 조지아 최초의 수녀인 성 니노(St. Nino)와 최초의 기독교도 왕인 미리안(Mirian)이 함께 커다란 나무 십자가를 세웠던 자리에 세워진 성당이다.

최초에 십자가 옆에 조그마한 교회가 있었으나 6세기에서 7세

───────────

진 것이라고 설명하고 있다.

즈바리 성당에서 바라본 므쯔헤타 전경

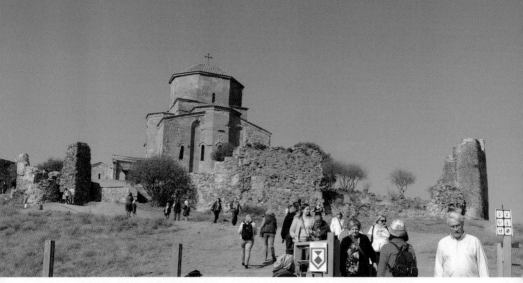

📷 즈바리 성당 전경

기 초 순례자들이 증가함에 따라 나무십자가 위에 현재의 성당을 세웠다. 이 성당 내부 정중앙에는 8면체의 나무십자가 터가 그대로 보존되어 있으며, 현재도 코카서스 기독교인들의 가장 중요한 순례 장소이다. UNESCO 세계문화유산으로 등재되어 있다.

므쯔헤타에서 수 킬로미터 떨어진 즈바리 성당에 개별적으로 올라가기 위해서는 므쯔헤타에서 택시를 타야 한다. 산 정상에 있는 성당에 오르면 아라그비강과 쿠라강이 만나는 아름다운 므쯔헤타시 전경과 주변 경관을 조망할 수 있다.

트빌리시(루스타벨리가와 자유광장)에서 므쯔헤타와 즈바리 성당을 관광하는 City Tour Bus가 하루 3회 있으며, 1인당 50라리이다. 또한 트빌리시 '디두베(Didube)' 버스정류장(4 Karaleti str.)에서 므쯔헤타를 오가는 정기 마르슈루트카(미니버스) 노선이 있다. 마르슈루트카는 편도 1라리 이다. 므쯔헤타에서 즈바리 성당에 가는 택시는 보통 4명 합승에 20라리를 요구한다.

<카헤티(Kakheti)와 포도주 여행(Wine Tour)>

트빌리시 북동쪽의 카헤티(Kakheti) 지방은 구릉이 많은 트빌리시와 달리 대코카서스와 소코카사스 산맥 사이의 광활한 평원 지역으로 햇볕이 강하고 건조해 포도 재배에 적합한 기후를 가지고 있으며 서쪽 흑해 인근 지역과 함께 조지아의 와인[8] 생산지역으로 유명하다. 카헤티로 가는 왕복 2차선 도로 양쪽으로는 광활한 평원과 목초지, 포도밭이 펼쳐져 있다.

조지아인들은 자신들의 와인 생산은 8000년 이상 전에 처음 시작되었으며 조지아가 바로 와인의 탄생지라고 주장한다. 트빌리시 남동쪽 마르네울리(Marneuli)에서 출토된 6000년 전의 포도주 항아리를 비롯하여 포도주 생산과 관련된 많은 고고학적 유물들이 이를 말해준다는 것이다. BC 8~7세기경의 건배하는 조각상 '타마다'와 '와인 뿔잔을 든 전사상' 등은 이미 2700여 년 전에 조지아에서 와인이 생활화 되어 있었다는 것을 의미한다.

따라서 조지아인들은 조지아가 와인의 요람이라는 자부심을 가지고 있다. 와인을 조지아에서는 그비노(Gvino)라고 부르는데 포도주를 칭하는 Wine, Vino, Vin등의 서양어는 그비노에서 유래하였다 하니 이로서도 조지아의 와인 역사를 가늠할 수 있다.

지구상에는 5,000여 종의 다양한 포도종이 있으며 조지아에는 500여 종의 포도종이 자라고 있다. 조지아는 이 중 26개의 포도종으로 와인을 생산하고 있으며 그중에서도 사페라비(Saperavi)종의 적포도주와 카치텔리(Rkatsiteli)종의 백포도주 2종이 가장 많이 생산된다.

---

[8] 와인(wine)은 포도주를 의미하는 영어단어이나 우리 사회에서도 널리 쓰이고 있어 본 책자에서는 편의에 따라 와인과 포도주를 혼용한다.

📷 크베브리

　조지아 특히 카헤티 지역에서의 전통적인 포도주 생산방식은 우리의 항아리와 같이 생긴 커다란 토기 항아리를 땅속에 묻고 으깬 포도를 넣어 밀봉한 후 수개월 동안 자연 발효시켜 만드는 방법을 사용하고 있다. 이때 사용되는 토기 항아리를 크베브리(Kvevri)라고 부르는데 BC 6000년대의 초기 크베브리가 흐라미(Khrami) 산에서 출토되었다고 한다. 조지아의 크베브리 와인제조 방법은 2013년 UNESCO의 인류무형문화유산으로 등재되었다.

　<조지아 와인의 본고장 텔라비(Telavi)>
　텔라비는 조지아의 13개주 중 가장 풍성한 카헤티주(Kakheti)의 수도로서 옛 카헤티 왕국의 수도였다. 인구 약 4만의 텔라비에는 카헤티 왕국의 왕궁이었던 바토니스찌헤 성곽(Batonistsikhe Castle)

이 시 중심에 자리하고 있으며 인근에 역사유물, 건축 양식, 와인 등의 흥미거리는 물론 이칼토 사원(Ikalto Monastery), 알라베르디 성당(Alaverdi Cathedral), 그레미 성채(Gremi Citadel), 네클레시 사원(Neklesi Monasteri)등 많은 관광명소가 근거리에 자리 잡고 있다. 인근 찌난달리(Tsinadali), 크바렐리(Kvaleli), 나파레울리(Napareuli) 등에는 크고 작은 와이너리를 쉽게 찾아볼 수 있는 Wine Route 안내판이 곳곳에 설치되어 있다.

텔라비는 유럽인들이 트레킹 코스로 즐겨 찾아오는 투쉐티(Tusheti)산으로 가는 초입이기도 하다. 텔라비는 와인과 관광자원에 힘입어 관광객이 날로 늘자 정부는 이곳에 2개의 5성 호텔을 신축하고 옛 도시의 복구 미화사업을 벌리는 등 텔라비를 관광지역으로 탈바꿈 시키는 중이다. 와인을 즐기는 여행자라면 이곳에

🄾 크바렐리(Kvaleli)에 있는 Graneli winery

Tsinandali Museum

베이스캠프를 차리고 느긋이 옛 와인을 찾아 역사와 자연을 조화
롭게 탐닉할만한 곳이다.

와인에 대해 관심이 많은 분은 카헤티 지방의 중심도시 텔라비
(Telavi) 인근에 있는 찌난달리 알 차브차바드제 박물관(Tsinandali
Al. Chavchavadze house-museum)과 찌난달리 와인 저장고(Tsinandali
wine cellar), 슈미 와인제조 박물관(Shumi winery museum) 등을 견학
하며 조지아의 전통와인을 맛보는 것도 조지아 방문의 의미를 더
할 수 있다.

찌난달리 알 차브차바드제 박물관은 알렉산드르 차브차바드제
(Alexander Chavchavadze, 1786-1846)의 저택이었다.

A. 차브차바드제는 제정러시아 주재 조지아(당시는 카르틀리-카헤
티 왕국) 대사의 아들로 상트 페테르부르그에서 태어나 러시아 장
교로 나폴레옹 전쟁에 참여해 파리까지 진군한 바 있으며, 오스
만 투르크 및 이란과의 전투에서 혁혁한 전공을 세우며 코카서스

총독까지 지내는 등 조지아인으로서
는 당대 가장 성공한 귀족이었다. 이
즈음 딸 니노를 러시아 외교관이던
그리보예도프와 결혼시킨 일은 앞서
설명한 바 있다.

그는 젊은 시절과 장군 시절 2차례
에 걸쳐 조지아의 독립을 위한 반러
시아 폭동에 가담함으로써 5년 유배
형을 받기도 했으나 그의 군사적 재

알렉산드르 차브차바드제

능을 높이 산 러시아 황제에 의해 사면을 받고 북코카서스 반란
군 토벌 사령관을 맡기도 했다. 낭만주의적 시인이기도 했던 A.차
브차바드제는 조지아의 전통 와인제조 방식을 지키는데 앞장선
사람이기도 했다. 자신의 영지에 커다란 와이너리를 만들어 조지
아의 무첨가물 전통와인을 생산하고 많은 외국의 저명인사들을
불러 이러한 와인으로 연회를 베풀었다.

오늘날 찌난달리 저택에는 박물관과 웅장한 정원 그리고 와이
너리에서의 시음을 위한 시설들이 갖추어져 있다. 알렉산드르 차
브차바드제와 앞서 설명한 후대의 카헤티 출신의 저명한 민족주
의자인 일리아 차브차바드제는 성은 같으나 직접적인 혈연관계는
없다.

외부 와인 전문가들의 조사에 의하면 조지아에서 생산되는 와
인 중 7% 미만의 와인만이 전통 방식에 따라 빚어진 내추럴 와인
이고 93%의 와인은 각종 화학약품이 첨가되고 기계적 방식으로
대량생산되는 소위 컨벤셔널 와인이다.

건강하고 양질의 와인을 고르려면 와인 병 Back Label에 의무

적으로 부착 표시하게 되어있
는 황산염의 ppm 수치를 참고
하는 것도 방법이다. 카헤티 지
역 여행에서만은 이곳 전통 방
식인 크베브리통에서 발효되
고 숙성된 건강하고 깨끗한 내

📷 사페라비종 크베브리 발효 적포도주

추럴 와인을 찾아서 컨벤셔널
와인과 비교 시음 기회를 갖고 두 와인이 어떻게 감별되는지 알게
된다면 조지아 여행 중 얻게 되는 큰 보람의 하나가 될 것이다. 크
베브리 와인은 컨벤셔널 와인에 비해 2~3배 비싸다.

트빌리시와 카헤티 지역은 해발 2,000m에 달하는 곰보리
(Gombori) 산맥으로 막혀 있어서 얼마 전 까지만 해도 트빌리에서
텔라비까지는 자동차로 3시간 가까이 소요되었으나 곰보리 산길
(68km)이 뚫리면서 가는 시간이 반으로 단축되었다. 합승택시는 1
인당 12라리, 미니버스는 6라리 정도 한다. 합승택시는 트빌리시
이사니(Isani) 전철역에 가면 호객하는 택시 기사를 쉽게 만날 수
있다. 기다리는 택시는 벤츠 아니면 BMW이며 승객 4명이 차면
바로 떠나서 텔라비 바자르(시장)에서 하차하게 된다. 1시간여 달리
게 되는 곰보리 산길은 경관이 뛰어나게 아름답다.

<전통 와인을 찾아서>
그러면 먼 옛날에 조지아인들이 처음 만들었던 원형에 가까운
포도주를 맛볼 수는 없을까? 불가능한 것만도 아니다.
초기의 조지아 포도주는 화학비료나 농약을 쓰지 않고 기계
적 도움이 없이 손으로 수확하며, 양조 과정에서 설탕이나 이스

트나 박테리아균 등을 첨가하지 않고 포도 자체의 유산균으로 발효시켜, 맛과 산화방지 등를 위한 아황산염과 일체의 색소나 미네랄을 첨가하지 않고, 오크통이 아닌 토기나 일반 나무통에서 발효와 숙성과정을 거쳐 필터링 없이 만들어 졌다.

📷◎ 크베브리에서 숙성중인 와인

최근 프랑스, 이태리, 일본, 미국 등에서 크게 유행하고 있는 내추럴 와인이 바로 이러한 와인이며 우리나라에도 2~3년 전부터 수입되어 와인 애호가들의 지대한 관심을 끌고 있다.

다행히도 카헤티에는 이러한 내추럴 와인의 진수를 찾아 2010년부터 10년 가까이 이곳의 전통양조 방식과 포도종을 익히면서 미네랄이 풍부한 재배지를 찾아 유기농법으로 재배한 건강한 포도만을 골라서 크베브리통에서 숙성시키는 내추럴 와인을 복원 중인 한국인이 있다. 2018년 동아일보에도 소개된 양태규 전직 대사이자 교수가 그분이다.

그분은 반평생 넘도록 주로 프랑스 등 불어권 지역에서 근무하면서 와인을 익혀왔지만 우리의 와인 문화를 격상시키고 양조기술을 개발하여 우리나라가 국제 와인시장에서 제대로 대접받는데 이바지하겠다는 소박한 생각에서 출발하였다고 한다. 지난 9년간의 시험 생산 중 몇 번의 실패도 있었지만 지금은 현지 전문 와인메이커도 조지아에서 재배된 같은 포도로 어떻게 이러한 최상의 와인을 제조하였느냐고 양조 비결을 궁금해한단다.

양 교수는 5월 중순에서 12월 초까지는 카헤티의 작은 농장에서 포도주를 만들며, 겨울과 봄 6개월간은 한국에서 연구를 계속한다. 참고로 연락처는 다음과 같다.

- 조지아 주소 : Village of Ruispiri, Telavi 2200, Georgia
  전화 : 조지아 (+995) 599 151 390,

- 한국 연락처 : 02 2601-0142, 휴대전화 010-7376 0142
  email : dradenyang@hotmail.co.kr

<시그나기(Sighnaghi) 성채와 보드베(Bodbe) 수도원>

카헤티(Kakheti) 지방의 평원에 솟아오른 언덕에 있는 시그나기(Sighnaghi)는 18세기 후반에 카헤티의 에레클레 2세(ErakleⅡ) 왕에 의해 건설된 작은 성채 도시로 23개의 타워가 세워진 성벽으로 둘러싸여 있다. 빨간 지붕으로 덮인 아름다운 집들과 옛 마을이 그대로 보존되어 있고 넓게 펼쳐진 평원과 그 너머의 코카서스 산맥이 눈 아래 펼쳐진다. 며칠 머물며 쉬고 싶을 정도로 아름다워 많은 관광객이 찾는다.

시그나기에서 2km 떨어진 곳에 보드베(Bodbe) 수도원이 있다. 보드베 수도원은 수도원 자체의 역사성과 아름다움 외에도 성 니노(St. Nino) 수녀의 무덤이 있는 곳으로 유명하다. 니노는 생전 자신이 죽으면 보드베에 묻어달라고 했다고 한다.

시그나기와 보드베 수도원은 트빌리시에서 동남방으로 90km 떨어져 있으며(1시간 40분 소요), 값이 저렴한 게스트 하우스들이 많으나, 시그나기 중앙 시청옆 최고급 호텔은 하루 120$를 요구한다.

🎬 시그나기 마을

🎬 보드베 수도원

카헤티 지역을 운행하는 투어버스를 이용하면 카헤티 지역과 winery, 시그나기, 보드베 수도원을 하루에 다녀올 수 있다. 요금은 입장료를 제외하고 1인당 60라리이다. 호텔에서 택시를 대절하여 가도 텔라비 지역과 시그나기(Sighnaghi)와 보드베(Bodbe) 수도원을 하루에 돌아볼 수 있다.

<다비드 가레지(David Gareji) 대수도원>

트빌리시에서 남동쪽으로 60여km를 내려가면 카헤티 지방 아제르바이잔과의 접경 지역에 다비드 가레지(David Gareji) 대수도원이 있다. 이 수도원은 6세기에 안티오키아에서 온 13명의 앗시리아 신부중 한명인 다비드 가레지에 의해 건립된 후에 그의 제자들에 의해 확장된 대규모 동굴 수도원으로 수백 개의 동굴방과 교회 예배실 및 생활공간 등으로 구성되어 있다. 이 수도원은 중세 조지아 왕국이 번성하던 11세기 말에서 13세기 초반에 왕국의 종교. 문화의 중심지로 기능했으며 한때는 10,000여 명의 수도자들이 있었다고 한다.

13세기 중반 몽골의 침략 당시 대부분 파괴되었다가 몽골 지배가 끝난 후에 조지아 왕들에 의해 복원되었다. 이후 1615년 이란의 사파비 왕조의 공격으로 수도자들이 모두 살해되고 동굴교회의 프레스코화 등 유적들이 대부분 파괴되었다. 볼세비키 혁명 후 종교말살 정책으로 수도원은 폐쇄되었으며 더욱이 소련군이 1979년부터 아프간 전쟁을 벌이면서 이 수도원을 아프간 작전을

📷 다비드 가레지 동굴군

📷 다비드 가레지 동굴교회

위한 훈련기지로 사용하면서 폐허가 되었다. 1991년 조지아가 독립한 이후에 수도원의 기능이 일부 회복되어 오늘날은 인기 있는 관광과 순례지로 부활했다.

　그러나 수도원이 위치한 지역이 전략적으로 중요한 지역이고 대수도원의 일부가 아제르바이잔 영토에 위치해 있어 독립 이후 양국 간 영토분쟁의 대상이 되고 있다. 조지아는 아르바이잔 영토로 뻗어있는 수도원 유적들을 다른 지역을 떼어주고서라도 돌려받기를 바라고 있으나, 아제르바이잔은 가레지 수도원 지역이 아제르바이잔의 옛 왕국이던 코카서스 알바니아의 땅이었다면서 조지아의 요청을 완강히 거부하고 동 수도원 지역 전체를 공동 개발해 공동 이용하기를 바라고 있다.

📷 다비드 가레지 대수도원 전경

이 지역은 가레지 수도원 자체의 경이와 아름다움뿐만 아니라
남코카서스 스텝의 자연경관과 야생 조류 등을 관찰할 수 있는
장소로도 유명하다.

<조지아의 성산 카즈베기(Kazbegi)>

카즈베기(Kazbegi)는 대코카서스 산맥 러시아와의 국경 가까이
에 있는 마을 스테판쯔민다(Stepantsminda)[9]의 별칭으로 트빌리시
북쪽 157km 거리에 있다. 이 마을의 앞에 러시아와 국경을 이루
는 대코카서스 산맥의 주봉들 중 하나인 5,033m의 카즈베기 봉
이 있다. 카즈베기 봉은 정상이 만년설로 덮여 있으며 조지아 민
담과 민요의 소재로 많이 전승되어 조지아인들이 성스러운 산으

---

9) 조지아의 지명에 쯔민다(tsminda)라는 어미가 많이 쓰이고 있으며, 쯔민다(tsminda)
는 성스러운(Saint)을 뜻하는 조지아어로 스테판쯔민다(Stepantsminda)는 세인트 스
테판(Saint Stephan)을 의미한다. 조지아 정교 수도사였던 스테판이 이 마을에 처음
수도처를 건설한데서 따온 명칭이다.

📷 카즈베기의 게르게티 삼위일체 교회

로 여긴다. 인간에게 불을 주
어 제우스신의 노여움을 사
형벌을 받은 프로메테우스가
독수리에게 간을 쪼이며 묶여
있던 산이 카즈베기 산이라는
설도 있다.

　관광객들이 카즈베기 산에
오르기는 어려우며 스테판쯔
민다(Stepantsminda) 마을에서
10km 정도 떨어져 있는 산 정
상을 감상할 수 있을 따름이

📷 교회 내부

다. 카즈베기 정상을 보다 가까이서 보려면 카즈베기 산 아래에
있는 작은 산 정상의 게르게티 삼위일체 교회(Gergeti Trinity church)

게르게티 교회 전경

까지 험준한 산악 길을 사륜차로 갈아타고 올라가야 하는데 1인 당 25라리의 요금을 별도로 지불해야 한다.

마을 뒷산 정상에 있는 게르게티 교회는 14세기에 건축된 것으로 워낙 코카서스 산맥의 험준한 산악 속에 있어 조지아가 국난을 당할 경우 므쯔헤타의 '성 니노의 십자가' 등 귀중한 문화재들을 이곳으로 옮겨와 보존하곤 했던 곳이다. 교회 그 자체도 볼만한 가치가 있지만 광대한 코카서스 산맥의 병풍처럼 깎아지른 듯한 산들에 둘러싸여 있는 작은 언덕 위에 자리 잡고 있어 이곳에서 사방으로 바라다 보이는 코카서스 산맥 정상부의 거대함과 웅장함은 압권이다.

카즈베기라는 명칭은 18세기 이 마을에서 통행세를 징수하던 부족장 가브리엘 초피카슈빌리 카지-벡(Kazi-Beg)에서 유래된 것으로 그는 러시아의 장교가 된 후 성을 카즈베기로 바꾸었으며 그의 통제가 미치던 이 지역을 사람들은 카즈베기라고 불렀다.

19세기 이곳 출신의 유명한 시인 알렉산드르 카즈베기(Alexander Kazbegi)는 가브리엘의 손자이다. 시인은 사후 고향에 묻혀있다.

2018년 가을 스테판쯔민다에서 게르게티 교회에 이르는 산악 길을 새로이 건설하고 있었는데, 2019년부터는 일반차량으로도 게르게티 교회에 쉽게 오를 수 있을 것 같다.

여행객들은 코카서스의 내면을 감상하고 신선한 공기 속에 휴식하며 카즈베기의 정기를 느끼기 위해 스테판쯔민다에 많이 온다. 스테판쯔민다에서 아침에 일어나 눈부신 카즈베기 정상을 바라볼 수 있는 곳으로 유명한 카즈베기 룸스 호텔(Rooms Hotel Kazbegi)이 있으며 하루 숙박비가 200$에 달한다.

카즈베기에 가기 위해서는 제정 러시아가 남코카서스를 정복하

기 위해 테레크 강을 따라 개
척한 도로인 조지아 군사도로
(Georgian Military Road)를 따라
가는 길이 유일하다.

📷 알렉산드르 카즈베기의 묘

 편도 3시간 이상 소요되
는 차량 이동 도중에 아라그
비(Aragvi) 강가에 16세기에
건축된 아름다운 아나누리
(Ananuri) 성채와 교회를 둘러
볼 수 있으며, 웅장한 카프카
즈 산맥과 협곡들을 감상할
수 있다. 조지아에서 가장 유명한 구다우리(Gudauri) 스키 리조트
도 경유한다.

 스테판쯔민다에서 북쪽으로 다랼(Darial) 협곡을 따라 10km를
더 가면 러시아와의 국경이다. 국경을 넘어 러시아로 들어가면 러
시아의 코카서스 거점도시인 블라디카프카즈가 나온다. 블라디

📷 조지아 군사도로상의 코카서스 산악 마을

📷 아나누리 성채

📷 카즈베기 가는 도중의 휴게소

 해발 2200m에 위치한 구다우리 스키장

카프카즈에서 다랼 협곡을 넘어 트빌리시에 이르는 이 험준한 군사도로가 오늘날도 러시아와 조지아, 러시아와 아르메니아를 잇는 가장 중요한 도로로서 승용차 뿐만 아니라 화물차들이 많이 다닌다.

➕ 여행 팁

"Hop on hop off-tbilisi" 여행사에서 아나누리, 구다우리, 스테판쯔민다, 게르게티 교회까지 다녀오는 카즈베기 1일 여행상품을 제공하고 있으며, 1인당 요금은 65라리이다.

<고리(Gori)와 스탈린(Stalin) 박물관>

조지아의 중앙에 위치한 고리(Gori)는 구소련의 독재자 스탈린이 태어난 고향이다. 스탈린은 1879년 농민출신의 구두수선공의 아들로 태어나 모친의 열성으로 고리를 떠나 트빌리시의 신학교에 다녔지만 흥미를 느끼지 못하고 혁명운동에 참여해 한때 바쿠에서 일했으며 레닌 이후 소련의 최고지도자가 되었다.

레닌이 붙여준 이름인 스탈린(강철 인간을 의미)의 본명은 조지아식 이름인 요셉 쥬가슈빌리(Ioseb Jughashvili) 이다. 집권기간 동안 사회주의 건설을 명분으로 무자비한 독재와 숙청을 통해 2,000만 명에 달하는 자국민을 희생[10]시켜 사후 격하되고 재평가 되었지만 러시아 일각에서는 아직도 그를 흠모하는 사람들이 있다.

조지아에서 스탈린은 그리 인기 있는 인물이 아니다. 신심이 깊은 조지아인들에게 스탈린은 그저 기독교의 파괴자이고 1921년 적군을 이끌고 들어와 1918년 새로이 독립한 조지아민주공화국을 말살한 인물일 뿐이다.

우리에게도 스탈린은 1945년 일본 패망 후 한반도 북쪽 지역을 무력 점령해 김일성 정권을 내세워 공산화 시키고, 김일성의 요청에 1950년 6.25 남침을 일으키도록 사주한 장본인이다.

고리의 스탈린 박물관은 이러한 스탈린의 일대기를 담담하게 보여주고 있다.

고리(Gori) 인근에는 약 3000여 년 전인 청동기 시대 말경에서부터 건설되어 AD 13세기까지 사람들이 살았던 고대도시 우플리

---

10) 소련의 공식 기록에 따르면 1937~1938년 대숙청 기간에만 NKVD(내무인민위원회)에서 1,548,367명을 구속했고 이중 681,692명을 총살했다는 기록이 있으나, 1995년 사망한 드미트리 볼코고노프 장군은 스탈린 전기에서 1934~38년간 숙청된 사람들이 2,100 ~ 2,200만 명에 달한다고 기술하고 있다.

 고리의 스탈린 생가

스찌헤(Uplistsikhe)가 있다. 지금은 바위언덕의 동굴사원과 건축물들, 집터 등의 일부 유적과 박물관만 남아있지만 이 지역은 조지아가 기독교를 받아들이기 이전 가장 중요한 정치, 종교의 중심지였다.

> ### 🎈 여행 팁
>
> "Hop on hop off-tbilisi" 여행사에서 고리, 스탈린 박물관, 우플리스찌헤에 다녀오는 1일 여행상품을 제공하고 있으며, 1인당 요금은 60라리이다.

🎞 고리의 스탈린 박물관

🎞 고리 우플리스찌헤

<보르조미(Borjomi)와 라바티 성채(Rabati castle)>

보르조미(Borjomi)는 조지아 중부 소코카서스 산맥 자락에 위치한 도시로 거대한 보르조미-하라가울리(Borjomi-Kharagauli) 국립공원을 끼고 있어 조지아에서 자연이 가장 아름다운 곳으로 꼽힌다. 보르조미는 온천 휴양지로 온천수가 38-41℃에 이르며 60여종의 광물이 포함되어 있어 건강에 매우 좋다고 한다. 이곳에서 나는 생수인 '보르조미' 광천수는 조지아뿐만 아니라 러시아에서도 최고 인기의 생수 상품이다.

보르조미에서 서남쪽으로 멀지않은 곳 아할찌헤(Akhaltsikhe)에 9세기에 건설된 라바티 성채(Rabati castle)가 있다. 이곳은 13~14세기 조지아가 여러 왕국과 공국으로 분열된 후 이 지역에 수립된 삼쯔헤(Samtskhe) 공국의 수도였다.

그러나 몽골과 티무르 제국의 침략을 거쳐 오스만 투르크와 이란 사파비 왕조간 10여년에 걸친 전쟁후 1590년 콘스타티노플 조

📷 보르조미-하라가울리 국립공원

📷 보르조미 휴양지 마을

📷 보르조미 라바티 캐슬 전경

 여행 팁

"Hop on hop off-tbilisi" 여행사에서 보르조미, 라바티, 바르드지아를 다녀오는 1일 관광상품이 1인당 95라리이다.

약을 통해 이곳이 오스만 투르크 영토로 편입된 후 완전히 요새로 바뀌면서 이슬람 사원(mosque)과 이슬람 학교(madrasa) 등이 추가로 지어졌다.

1783년 게오르기예프스크 조약(Treat of Georgievsk)을 통해 조지아의 카르틀리-카헤티 왕국이 제정 러시아의 보호령이 되면서 러시아가 오스만 투르크와의 전쟁을 통해 1829년 이 지역을 다시 빼앗았다. 현재의 라바티 캐슬은 조지아 정부에 의해 2011~2012년에 걸쳐 완전히 새롭게 단장한 것이다.

또한 보르조미에서 소코카서스 산맥으로 50여 km 들어가면 거대한 고대 동굴 마을인 바르드지아 동굴군(Vardzia caves)이 있다. 쿠라강 절벽에 500여m에 걸쳐 13층까지 만들어진 이 거대한 동굴 마을에는 한때 3,000여 개의 동굴이 있었으나 현재 500여 개가 남아있다. 이 동굴들에는 생활공간뿐만 아니라 조그마한 교회와 포도주 저장고 등이 갖추어져 있었다. 가장 정교하고 아름다운 것은 12세기말~13세기 초 타마르 여왕 재임 시 만들어진 동굴 교회로 당시 타마르 여왕을 그린 프레스코화가 남아 있다.

<쿠타이시(Kutaisi)와 프로메테우스 동굴>

쿠타이시(Kutaisi)는 트빌리시 서쪽 221km 거리에 있는 조지아에서 2번째로 큰 도시로 고대 콜치스(Colchis) 왕국과 이메레티(Imereti) 왕국의 수도였다. 석기시대부터 이어진 문화유산이 풍부한 도시이다. 수많은 유적들이 있으나 무엇보다도 쿠타이시는 조지아 바그라티온(Bagration) 왕조의 도시로 11세기부터 조성된 Old city와 함께 인근에 1106년 다비드 4세(David IV)왕에 의해 건립된 성모마리아 교회(Church of the Virgin)가 있는 겔라티 수도원

📷 바르드지아 동굴군 전경

📷 바르드지아 동굴 세부 모습

역사와 문화를 통한 코카서스 3국 들여다보기

(Monastery of Gelati)과 2012년 복원된 11세기 바그라트 3세(Bagrat Ⅲ) 왕의 통치기에 건립된 바그라티 대성당(Bagrati Cathedral)이 있다. 겔 라티 수도원과 바그라티 대성당은 중세 조지아 건축물의 정수를 보여주는 것들로서 UNESCO 세계문화유산으로 지정되어 있다.

쿠타이시 지역은 조지아의 역사, 문화적 유산뿐만 아니라 뛰어 난 자연유산으로도 유명하다. 쿠타이시시 서북쪽 외곽에 있는 프 로메테우스 동굴(Prometheus cave)은 조지아에서 관광객이 가장 많 이 찾는 자연유산으로 총길이 11km에 22개의 홀이 있으며, 지역 명칭을 따서 쿠미스타비(Kumistavi) 동굴이라고도 불린다. 이 동굴 은 1980년대에 발견되어 현재 세계자연보호구역으로 지정되어 있 어 일부분인 1,060m 6개 홀 만이 관광객에게 개방되어 있으며 거 대하고 아름다운 종유석과 석순 등은 관람객들에게 탄성과 함께 자연의 신비와 경이로움을 제공해 준다.

이 동굴이 프로메테우스 동굴로 명명된 데에는 제우스 신으로 부터 불을 훔쳐 인간에게 주었다는 인간을 사랑한 신 프로메테우

🎦 쿠타이시 겔라티 수도원 전경

🅞 쿠타이시 겔라티 성모마리아 교회 내부

스가 이 동굴에서 멀지 않은 흐밤리(Khvamli) 바위산에 체인으로 결박되어 독수리에게 간을 쪼여 먹히는 벌을 받았다는 현지 전설이 있기 때문이다.

📷 쿠타이시 프로메테우스 동굴 종유석

📷 쿠타이시 프로메테우스 동굴 석순

📷 하인리히 휴거의 Prometheus 그림

프로메테우스가 인간에게 준 불이 코카사스 산맥 밑을 타고 동쪽으로 흘러 카스피해 연안의 카스피해로 터져 나온 것은 아닌가 하는 것은 필자의 신화적 상상일까?

아제르바이잔 수도 바쿠는 불을 숭배하는 조로아스터교의 발생지이며 19세기말 인간에 의해 유전이 처음 본격적으로 개발된 곳으로 지금도 땅에서 꺼지지 않는 자연의 불길이 나오는 곳이기 때문이다.

프로메테우스 동굴 서북쪽에는 역시 조지아 자연유산인 마르트빌리 캐년(Martvili Canyon)이 있다.

> ## ✛ 여행 팁
>
> 트빌리시에서 쿠타이시로 가는 미니버스는 '사드구리 광장(Sadguri Square)', '디두베(Didube)' 버스정류장(4 Karaleti str.), '글다니(Gldani)/'스비리(Sviri)' 버스정류장(10 Vasadzestr.) 등 여러 곳에서 출발한다.

\<코카서스 산맥의 심장 스바네티(Svaneti)\>

시간을 가지고 코카서스 산악의 진수를 경험하고자 하면 스바네티(Svaneti)에 가기를 권한다. 스바네티는 트빌리시에서 주도 메스티아(Mestia)까지 463km로 가장 먼 거리에 있는 지역 중 하나이다. 러시아와 국경을 이루는 대코카서스 산맥의 근간을 이루는 산악지역으로 슈카라 봉(5,068m)과 장기타우 봉(5,058m) 등 3,000~5,000m의 고봉들로 둘러싸여 조지아의 다른 지역들과 고립되어 독특한 문화를 발전시켜온 지역이다. 스바네티의 가운데를 동서로 가로지르는 스바네티 산맥을 경계로 상부 스바네티와 하부 스바네티로 나뉜다. 상부 스바네티에서 잉구리강이 발원하며 유럽과 러시아인들이 가장 선호하는 빙하 하이킹과 트레킹 지역이기도 하다.

이곳에 사는 사람들을 스반인이라고 부른다. 이들은 외부와 고립되어 20~25m에 4~5층으로 이루어진 돌탑집(Tower house)이라는 독특한 양식의 집을 짓고 살아왔다. 유럽에서 제일 높은 마을인 해발 2,300m에 있는 우슈굴리(Ushguli) 마을은 돌탑집의 밀집지역으로 마을 전체가 UNESCO 문화유산으로 지정되었다.

돌탑집은 중세 초기부터 유래된 것으로 외부의 침략으로부터 가족들을 보호하기 위해 고안된 것으로 내부는 가족과 가축들이 함께 지낼 수 있게 만들어져 있는데 맨 위층은 감시와 공격을 위한 공간이다. 험준한 산악과 추위 속에서 칼과 활이 최고의 무기였던 중세에 돌탑집은 최고의 방어수단이었을 것으로 짐작된다.

이 돌탑집을 보고 있노라면 무리에서 떨어진 아프리카 물소가 하이에나들의 공격을 받듯이 아랍과 몽골의 침략자들이 말을 타

📷 스바네티의 풍경

📷 스바네티 메스티아의 말을 탄 인물동상

📷 스바네티 우슈굴리의 돌탑 마을

고 환호성을 지르며 이 집들을 공격하고 이에 대항하여 필사적으로 저항하는 스반인들의 용맹한 모습이 연상된다.

이 깊은 산중에도 계곡을 따라 10~13세기에 걸쳐 건축된 교회와 수도원들이 수십 개가 보존되어 있다. 우슈굴리에서는 맑은 날 조지아 최고봉인 슈하라(Shkhara, 5068m) 봉을 바라볼 수 있다. 주도 메스티아에는 최근 스키 리조트가 건설되어 더위를 피하려는 여름휴양지 뿐 아니라 겨울 휴양지로도 각광을 받고 있다.

트빌리시에서 스바네티로 가는 미니버스(Marshrutka)가 중앙 전철역 앞 '사드구리 광장(Sadguri Square)' 버스정류장과 디두베(Didube) 버스정류장에서 아침 7시에 매일 정기적으로 운행한다. 메스티아 까지 요금은 30라리이며, 9시간 내외가 소요된다. 트빌리시 나타흐타리(Natakhtari) 공항에서 월요일~토요일 아침 9시에 출발하는 국내선 항공편도 최근에 개설(편도 90라리) 되었으나 인터넷을 통해 사전 예약이 필요하다.

쿠타이시에서는 맥도널드 앞 버스정류장에서 아침 9시경 사람이 차면 출발한다. 요금은 25라리이다.

<흑해 휴양지 바투미(Batumi)>

바투미(Batumi)는 아자리아 자치공화국의 수도로서 조지아의 최서쪽 남단 흑해연안에 위치한 휴양 도시이며 조지아에서 3번째로 큰 도시이다. 아자리아 자치공화국은 조지아내의 유일한 이슬람공동체로서 터키와 국경을 접하고 있어 터키의 영향력이 크다. 도시의 모습도 이슬람문화와 기독교문화가 공존하는 독특한 양상을 띠고 있다.

현재 터키 등 외국자본이 가장 많이 들어와 투자하고 있어 최신

고층 아파트와 호화 호텔이 많이 들어서는 등 조지아 내에서 가장 빠르게 발전하는 지역이다.

아름다운 해변과 연중 300일이 넘는 맑은 날씨 등으로 조지아인들은 물론 인접지역에서 관광객들이 가장 선호하는 지역 중 하나이다.

📷 바투미 시내 중심부

📷 바투미 해변의 화려한 변신

📷 바투미의 흑해 연안

제4장

아르메니아

❁ ❁ ❁

📷아르메니아 지도

1. 아르메니아 개황

아르메니아는 국토의 대부분이 소 코카서스 산맥 남부에 위치해 있는 내륙 국가이다. 아르메니아인들은 자 신들의 국가 아르메니아를 하야스탄 (Hayastan)이라고 부른다. 북쪽으로 는 조지아(164km), 동쪽과 남서쪽으 로는 아제르바이잔(787km), 서쪽으로 는 터키(268km), 남쪽으로는 아제르바 이잔을 본토와 나히치반 자치공화국 (220km)으로 가르며 이란(35km)과 국 경을 접하고 있다.

아르메니아 국기

아르메니아 국장

📍 기본 제원

- 면적 : 29,743 ㎢
- 인구 : 약 298만명(2018년)
- 수도 : 예레반(Yerevan), 면적 227㎢, 인구 약 107만명
- 종교 : 아르메니아 정교
- 공식언어 : 아르메니아어이나 러시아어와 영어가 널리 통용
- 화폐단위 : 아르메니아 드람(Dram)이며, 공식 표기는 AMD
- 경제지표 : 구매력 기준 GDP 283억$, 1인당 GDP 9,500$
- 시간대 : 한국보다 5시간 느리고, 모스크바보다 1시간 빠름
- 국제전화 국가코드 : +374 번, 예레반 지역코드 +374 10/11/60
- 국가 인터넷 도메인 : .am
- 사용전압 : 220v, 50 Hz

1991년 9월 독립 이후 대통령중심제 헌법채택을 통해 온건 민족주의자인 레본 테르-페트로샨(Levon ter-Petrosian)이 집권해 오다가 나고르노-카라바흐 전쟁을 승리로 이끈 후 재선에 성공하였으나 1998년 국제사회가 제시한 나고르노-카라바흐 점령지역의 아제르바이잔 반환을 수용하

📷 페트로샨 초대 대통령

는 태도를 보임으로써 이를 저지하려는 반대파의 압력으로 사임하고 이후부터는 2대 코차랸(Robert Kocharyan,1998-2008)에 이어 3대 세르즈 사르그샨(Serzh Sargsyan, 2008-2018) 등 나고르노-카라바흐 수도 스테파나케르트 출신들이 연이어 대통령에 당선되어 집

권하는 등 강경파 나고르노-카라바흐 출신 인사들이 아르메니아의 정치를 좌지우지해 왔다.

📷 아르멘 사르키샨 대통령

2017년 헌법개정을 통해 대통령중심제에서 내각책임제로 전환하였으며, 2018년 4월 개정헌법에 의해 예레반 출신의 아르멘 사르키샨(Armen Sarkisyan)이 의회에서 간선으로 대통령에 선출되고 세르즈 사르그샨 전 대통령이 다시 총리로 선출되었으나, 반정부 시위로 6일 만에 물러나고 본토 출신의 니콜 파쉬냔(Nikol Pashinyan)이 새로운 총리로 선출되어 나고르노-카라바흐 출신들의 영향력이 줄어들었다.

📷 니콜 파쉬냔 총리

실권을 장악한 파쉬냔 총리는 정부를 대대적으로 개혁하고 대외정책도 전통적 친러정책 일변도에서 EU 등 서방과의 협력을 강화하는 방향으로 러시아와 서방 간 균형외교를 모색하고 있다.

경제는 독립 초기 아제르바이잔과의 전쟁과 터키의 경제봉쇄로 극도의 어려움을 겪었으나, 2000년 이후 점차 안정세를 보이고 있다. 2018년 5월 파쉬냔 총리 취임 후 EU와의 협력을 강화해 나가면서 외국인 관광객과 투자 유치에 힘쓰는 등 경제회복에 노력하고 있다.

주요산업은 농축산업과 관광이며, 부존자원이 부족하여 해외 아르메니아인들의 송금과 투자에 크게 의존하고 있다.

또한 아르메니아는 구소련으로부터의 독립 직후인 1992년 아제르바이잔 내 아르메니아인 다수 거주지역인 나고르노-카라바흐(Nagorno-Karabakh) 지역을 둘러싸고 아제르바이잔과 전쟁을 벌여 나고르노-카라바흐 지역을 포함하여 아제르바이잔 영토의 13.2% 정도를 점령하고 있다. 국제사회는 동 점령지역을 아제르바이잔 영토로 인정하고 있지만, 점령지 아르메니아 인들은 동 지역에 나고르노-카라바흐 공화국을 선포했고 2017년에는 중세 아르메니아 왕국의 이름을 본따서 아르짜흐 공화국(Republic of Artsakh, 수도 Stepanakert)으로 명칭을 바꾸었다.

<아르짜흐 공화국>

아르짜흐는 영토 11,458 ㎢, 인구 15만여 명의 작은 지역이나 아르메니아의 정치를 좌지우지하면서 국가의 형태를 갖추고 독자적인 visa를 발급하는 등 아르메니아 내에서 준독립적인 지위를 누리고 있다. 아르메니아가 아르짜흐를 행정적으로 별도의 독립국가 형태로 분리한 것은 이 지역을 자신들이 점령한 것이 아니라 이 지역 주민들이 자발적으로 아제르바이잔으로부터 독립하기를 원한다는 이미지를 국제사회에 보여줌으로써 아제르바이잔 영토 점령을 정당화하고 정치적 부담을 줄이려는 것으로 보인다. 실제로 아르메니아 정부는 나고르노-카라바흐 문제의 첫 번째 해결조건으로 현지 주민들의 의사결정 존중을 내세우고 있다.

해발 200~1,000m 사이의 아르짜흐 계곡은 토지도 매우 비옥하고 기온도 온화(7월 평균 +22℃, 1월 평균 –1℃)하여 포도, 살구 등 각종 과일과 밀 등 농산물이 풍부하다. 아르짜흐 입국비자를 받으려면 예레반 시에 있는 아르짜흐 대표부를 방문하거나, 스테파나케르트에서 도착 비자를 받을 수 있다.

📷 아르짜흐의 자연

　그러나 아르짜흐는 아름답고 비옥한 지역이지만 외국인이 여권에 아르짜흐 지역 방문 기록이 있을 경우 아제르바이잔 입국이 거부된다는 점을 유념해야 한다.

2. 자연과 지리 및 기후

　아르메니아는 국토의 약 90%가 해발 1,000m 이상의 고원지대에 위치해 있고 최고봉 아라가쯔(Aragats) 산 등의 거대하고 높은 고봉들로 이루어져 있다. 화산폭발로 형성된 이 지역의 산악지대를 지질학적으로 아르메니아 고원(Armenian Highland)이라고 부른다. 아르메니아 국토의 평균 해발고도는 1,800m이고, 가장 낮은 지역인 데베트(Debet) 강도 해발 380m의 높은 위치에 있다.
　아르메니아인들이 가장 신성시하는 아라라트(Ararat)산은 동 지

📷 아르메니아 고원지대의 모습

📷 아르메니아 세반 호수

역에서 가장 높은 산으로 5,165m이며, 1920년 이래 터키의 영토로 되어 있어, 아르메니아인들은 가지를 못하고 바라만 볼 뿐이다.

고원과 고산지대에 나무는 거의 자라지 않으며, 봄과 여름에는 낮은 지역에는 야생화와 들풀이 마치 양탄자를 깔아놓은 듯 전

국토를 아름답게 뒤덮는다. 겨울에는 산악이 모두 흰 눈으로 완전히 덮여 순백의 아름다운 대지를 선사한다. 국토의 중앙에 코카서스 최대의 산악호수인 세반(Sevan) 호수가 있으며 파도가 치고 물고기는 물론 조개와 소라 등이 서식하는 등 바다를 연상케 한다.

그러나 아르메니아 고원은 지질학적으로는 매우 젊어 지진에 취약하다. 1988년 12월 7일 아르메니아 서북부 지역에서 대지진이 발생해 제2의 도시 귬리(Gyumri)와 스피타크(Spitak) 등이 완전히 파괴되어 2만 5,000명 이상이 사망하고 수만 명이 다쳤다.

지금은 완전히 복구가 되었지만 아르메니아인들은 이때의 참상을 생생히 기억하며, 모든 교회에서 매년 12월 7일 추모 예배를 올리고 있다.

예레반과 아르메니아 제2의 도시 귬리(Gyumri) 사이에 있는 아라가쯔(Aragats) 산(4,095m)은 아르메니아에서 제일 높은 산이다. 아라가쯔 산에 있는 '구름 위의 요새'로 불리는 암베르드(Amberd) 성채로 가는 길에는 지구의 중력이 느껴지지 않는 신비로운 무중

나가페티얀의 그림 '1988년 12월 지진'

력 지대라고 불리는 구간이 있다. 그곳에서 내려다보이는 강은 언덕으로 거꾸로 흐르며, 언덕을 걸어도 힘이 들지 않고, 심지어 스케이트보드도 언덕을 내려가 듯 스스로 올라가는 현상을 느낄 수 있는데, 지질학자들은 착시현상에 기인한다고 설명한다.

조지아에 보르조미라는 광천수가 유명하다면, 아르메니아에는 제르무크(Jermuk) 라는 광천수가 있다. 아르메니아에서 화산활동은 1441년 폭발 이후 일어나지 않고 있으나, 이때의 화산활동으로 곳곳에서 뜨거운 광천수가 흘러나온다. 아르메니아인들은 이 뜨거운 온천수를 '제르묵스'(Jermuks) 라고 부른다. 이러한 제르묵스 중 하나가 예레반 남쪽 180km 거리에 있는데, 이곳에는 높이 68m의 폭포가 아름다운 위용을 자랑하며 노천 온천탕, 온천 풀장 등이 개발되어 있고, 2007년 스키장이 개장한데다가 온천욕이 피부병 및 혈관질환 등 각종질병을 치유하는 효과가 있다고 하여

📷 제르묵스의 폭포

많은 사람들이 찾는 명소 중 하나가 되었다. 이곳에서 채취한 제르무크 광천수는 각종 미네랄이 풍부하여 EU에서도 처음으로 광천 음료수로 승인되었을 정도로 유명하다.

아르메니아는 국토가 좁아도 기후는 다양하다. 대부분의 국토가 아열대 지대에 놓여있으나 아열대 기후는 남부지역과 북동지역에서만 관찰된다. 나머지 지역은 대륙성 기후로 여름에는 덥고 겨울에는 춥다. 예레반 지역은 사막, 반사막, 스텝지역이 대부분이다.

아르메니아는 강수량이 적어 연중 대부분의 날씨가 맑고 깨끗하다. 여름은 지형에 따라 +22℃~+36℃를 오르내린다. 겨울은 대부분의 지역에서 추우나 평균기온은 –15℃~-1℃ 정도이다. 1월 평균기온은 –5℃, 7월 평균기온은 +35℃이다. 해발 1,500~2,000m의 1월과 7월 평균기온은 각각 –14℃와 +16℃이다. 산악지역에는 10월 말이면 눈이 내리기 시작하여 산봉우리들은 눈으로 덮여 장관을 연출한다.

봄은 짧고 날씨가 불안정하며, 여름은 길고 건조하며 덥다. 가을은 청명하고 온화하며 바람도 별로 없어 여행에는 최적이다. 겨울은 눈이나 비가 자주 내린다.

3. 민족과 언어

아르메니아인들은 페르시아 역사에 처음 등장하는 BC 6세기경 전부터 남코카서스는 물론 동부 아나톨리아(Anatolia)[1]지역에 광범위하게 퍼져 살아왔다. 이들은 1375년 아르메니아의 마지막 왕국이 멸망한 후 1918년 1차 독립을 선언하기까지 약 640여년간을

---

1) 아나톨리아 지방은 대략 오늘날 터키의 아시아지역 영토를 지칭한다.

나라 없는 설움 속에 역사적 공백기를 가져야 했다. 그럼에도 불구하고 아르메니아인들이 자신들의 언어와 종교, 민족국가 의식을 지켜오며 지금까지 생존해 왔다는 것은 경이로운 일이 아닐 수 없다.

아르메니아인들이 이러한 긴 역사적 공백기를 거치면서도 생존해 올 수 있었던 요인 중 하나는 유태인과 같은 선민의식이다. 이들은 자신들이 노아(Noah)의 후손이며 단순한 최초의 기독교 국가가 아니라 신의 계시를 처음 수령한 민족이라는 것이다. 이러한 내용이 지폐의 도안으로도 쓰이고 있다.

즉 성서에 나오는 노아의 방주가 아라라트산에 닻을 내렸고 노아의 아들인 자페트(Japheth)의 후손이 아르메니아인들이라는 것이다. 이후 바빌론으로 이동해 살던 아르메니아인들은 하이크(Haik)의 지도하에 바빌론에 대항하여 봉기를 일으키고 아르메니아인들의 땅인 아라라트 평원으로 돌아왔다는 것이다. 유태인들의 출애급기(Book of Exodus)를 연상시키는 대목이다.

아르메니아인들이 자기 나라를 지칭할 때 쓰는 아르메니아어인 '하야스탄'도 '하이크의 나라'라는 데서 유래했다. 이러한 아르메니아인들의 믿음은 오늘날 아르메니아인들의 행태를 이해하는 중요 단서가 된다. 이에 따라 아르메니아인들에게 있어서 아라라트 산은 종교적 의미를 넘어 민족의 발원지인 성스러운 곳이다.

오늘날 아르메니아는 남코카서스 3개국 중에서 민

📷 Edward Hicks의 Noah's Ark(1846)

📷 아라라트 산과 평원

족적 다양성이 가장 약하다. 전체 인구 약 300만 명중 아르메
니아인이 압도적 다수(98.1%)를 이루고 있으며, 이외에 야지디인
(Yazidis), 러시아인 및 기타 소수민족이 살고 있다.

그러나 아르메니아인은 아르메니아 영토 내에 살고 있는 사람보
다 해외에 살고 있는 동포(diaspora) 사회 규모가 훨씬 더 크다. 오
늘날 해외 아르메니아인 규모는 공식적으로는 560여만 명, 비공식
적으로는 700~1,000만 명 규모로 추정하고 있다. 이중 러시아에
약 250만 명, 미국에 약 150만 명, 프랑스에 약 75만 명이 거주하
는 것으로 추정하고 있으며, 이외 70여개국에 흩어져 살고 있다.

아르메니아인들이 이렇게 세계 곳곳에 흩어져 살게 된 연유는
중세 아르메니아의 국가적 소멸과 이후의 박해 때문이다. 특히
1915년 터키에 의한 아르메니아인 대학살 시 많은 사람들이 해외
로 피신함으로써 디아스포라의 규모가 급증했다. 아르메니아 정

📷 아르메니아 전통의상을 입은 가족

📷 예레반의 전통의상 축제

부는 해외 거주 디아스포라들이 원하면 아르메니아 국적을 부여하고 있다.

아르메니아는 스스로의 언어와 문자를 가지고 있다. AD 405년 기독교 선교를 확산시키고 외침에 대항해 아르메니아의 정신적 문화적 정체성을 보존하기 위해 선교사 메

ⓒ 캐나다 아르메니아인들의 제노사이드 추념 시위

스롭 마슈토츠(Mesrop Mashtots)에 의해 창안된 아르메니아 문자는 그리스 문자나 아랍 문자 등 기존의 문자와는 전혀 다른 것으로 매우 독창적이다.

매우 특이한 점은 아르메니아 문자의 배열순서와 멘델레예프 원소기호와는 일정한 알고리즘으로 연계되어 있는데, 일례로 금(gold)을 의미하는 단어 VoSKI의 문자 배열

ⓒ 아르메니아 알파벳

순번을 모두 합하면 금의 원소기호 Au79의 79와 정확히 일치하며, 철(Fe26), 구리(Cu29), 은(Ag47) 등 모든 원소의 아르메니아 명칭의 알파벳 배열 순번을 합하면 26, 29, 47 등이 나온다.

마슈토츠는 아르메니아 문자뿐만 아니라 고대 조지아 알파벳을 개량한 종교용 제2 조지아 알파벳을 창안했으며, 오늘날 우디(Udi)족이나 레즈긴(Lezgin)족의 선조인 코카서스 알바니아인들의

아르메니아 문자 공원

문자를 창안한 것으로도 유명하다.

마슈토츠의 무덤은 예레반 서북쪽 아라가초튼 주의 오샤칸
(Oshakan) 마을에 있으며, 에치미아진(Echmiadzin) 대성당, 호르 비
랍(Khor Virap) 수도원과 함께 아르메니아에서 가장 신성시되는 곳
중의 하나이다. 2005년 아르메니아 정부는 아르메니아 문자 창시
1600주년을 기념하여 아르메니아 각 문자에 헌정하는 기념물을
마슈토츠 무덤에서 그리 멀지 않은 아라가쯔 산 아래에 세웠다.
이로써 아르메니아 문자는 전 세계에서 각 문자별 기념물을 가진
유일한 문자가 되었다.

트빌리시에서 M3 도로를 타고 예레반으로 가는 도중 아파란
(Aparan)을 지나 아슈타라크(Ashtarak)로 내려가면서 우측에 커다
란 십자가를 볼수 있는데 그 아래가 문자 기념물이 있는 '문자 공
원'(Park of Letters)이다

이러한 독자적인 언어와 문자를 소유하고 있고 자신들의 언어
에 대한 자부심이 대단하여 간판이나 안내표지 등 거의 모든 표
기를 아르메니아어로만 하고 있어 외국인이나 여행객으로서는 일
부 답답한 점이 있으나, 예레반 시내의 대형 간판들이나 상호 등
과 주요 관광지 해설판 등은 러시아어와 영어를 병행 표기하고 있

어 큰 어려움은 없다. 특히 아르메니아가 19세기 초반 이후 제정 러시아와 러시아의 지배하에 있었고 현재도 코카서스 3국 중 러시아의 영향력이 가장 강하게 미치고 있어 대부분의 사람들이 러시아어를 구사하며, 예레반의 젊은 층에서는 영어를 이해하고 말하는 사람들이 많다.

4. 종교와 문화

조로아스터교를 숭상하며 3세기 중반부터 세를 확산하기 시작한 사산조 페르시아의 코카서스 침입에 대항하여 아르메니아는 국민들을 결속시키기 위해 로마보다도 빠른 AD 301년[2]에 기독교를 국교로 정하는 등 세계에서 최초로 기독교를 국교로 받아들인 나라이다.

국교인 아르메니아 정교와 교회는 초기 기독교의 원형을 가장 잘 보존하고 있으며, 이러한 역사적 연유로 인하여 아르메니아 수도사들이 성지인 예루살렘에 많이 순례, 정착하여 오늘날에도 예루살렘 구시가지에 아르메니아 교구가 있으며 이 구역을 아르메니아 정교회가 관리하고 있다.

아르메니아 정교회의 총대주교는 전 아르메니아인들의 대주교이며, 예레반 서쪽 20km의 성모성당으로 유명한 에치미아진에 거주한다.

아르메니아 국민의 94%가 기독교 신자이며, 대부분 아르메니아

---

2) 미국 미시간 대학교 교수인 Ronald Grigor Suny는 그의 저서 "Looking toward Ararat : Armenia in Modern History"(1993, Indiana University Press)에서 아르메니아의 기독교 국교화 시기를 314년이라고 말하고 있으나, 오늘날 아르메니아 정부는 301년을 주장하고 있다.

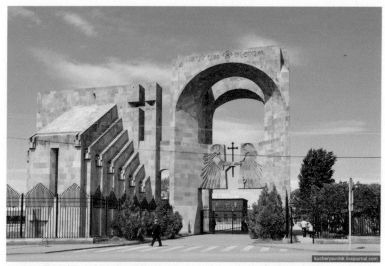

📷 기독교를 받아들인 트르다트 3세와 성 그레고리 신부가 새겨진 에치미아진 개선문

📷 교회에서 예배를 보는 예레반 시민들

정교를 신봉한다. 2001년에 기독교 국교화 1700주년을 기념했다.

<하츠카르(khachkar)>

아르메니아의 독특한 정교회 문화의 하나로 하츠카르(khachkar)가 있다. 하츠카르는 십자가 문양석(cross-stones)으로 하츠카르 제작기술이 2010년 UNESCO 무형문화재로 등록되었을 정도로 아르메니아에서 가장 중요한 건축 문화재 중 하나이다. 아르메니아 교회나 수도원, 공동묘지 어디를 가든 자주 볼 수 있는 하츠카르는 묘비석과 유사하게 생겼으나 묘비석과는 다르며, 비석 형태의 돌에 십자가를 새기고 주변을 각종 문양으로 장식한 돌이다.

AD 879년 아르메니아 왕 아쇼트 1세(Ashot I)의 왕비가 사망하자, 왕은 정교회에 왕비의 사후 영혼이 머물 수 있는 추념물 제작을 요청했고 이에 따라 최초의 하츠카르가 제작되었다고 한다.

예레반 동북쪽 세반호수에 접한 노라투스(Noratus) 마을의 공동묘지에는 800여기의 중세 하츠카르가 세워져 있으며, 전설에 따르면 티무르인들의 침입을 받은 이 마을 사람들은 이 하츠카르에 양가죽 옷을 입혀 전사처럼 보이게 함으로써 적을 물러나게 했다는 이야기가 전해온다.

모든 하츠카르의 형태는

📷십자가 문양석 하츠카르

◙ 노라투스의 하츠카르들

유사하지만 사람의 지문과 같이 동일한 문양의 하츠카르는 없다고 한다. 아르메니아인들은 간절한 신앙의 징표로서 또는 자신과 가족과 민족의 안녕을 기원하며 하츠카르 제작에 심혈을 기울였다. '사자의 영혼을 담는 돌'이라고 할까? 아니면 '마을과 민족의 수호신'이라고 할까? 하츠카르를 보고 있노라면 보는 사람조차 만든 사람의 마음이 전해져 경건해진다.

<축제>

아르메니아에서는 연중 각종 종교행사뿐만 아니라 토착 생활문화에 기반한 각종 축제가 열린다. 카펫 축제, 꿀과 산딸기 축제, 바베큐 축제, 포도주 축제, 살구 축제, 전통의상 축제, 양털 깎기 축제 등 다양하다. 모든 축제는 노래와 춤과 음악에 각종 전통음식들이 준비되므로 이러한 축제 참가를 통해 아르메니아인에게 보다 가까이 다가갈 수 있다.

📷 아레니 와인 페스티발

📷 아레니 와인 페스티발의 민속춤

　가장 유명한 포도주 축제는 아르메니아는 물론 세계의 포도주 제조의 요람이라고 일컬어지는 아레니(Areni)에서 매년 10월 첫째 토요일에 열린다. 예레반에서 남동쪽으로 100km 떨어진 아제르바이잔 나히치반 자치공화국 접경에 위치한 아레니는 2007년 9개국의 고고학자들에 의해 현재까지 발견된 가장 오래된 와인제조지(winery)인 6,200년 이상 된 와인 제조지가 발견된 곳이다. 아레니 축제에서는 전통적 방식의 포도주의 제조과정과 포도 으깨기 등을 체험할 수 있을 뿐만 아니라 각종 포도주와 전통음식의 시음과 시식은 물론 말 타기, 전통 빵 굽기, 바구니 짜기 등 각종 행사를 즐길 수 있다.

　최근에는 카지노가 예레반 시내는 물론 주요 관광지에 우후죽순처럼 생겨나고 있다. 관광객 유치를 위한 것으로 이해는 되지만 인류문화의 보고인 아르메니아의 원래 모습과는 그다지 잘 어울리지 않는다.

5. 사회와 국민성 및 치안상태

아르메니아인들은 세계에서 유태인 다음으로 머리가 좋고 상술이 뛰어난 것으로 알려져 있다.

사람들은 매우 친절하고 순박하다. 감성적이고 낙천적이다. 터키와 아제르바이잔 인들에게는 강한 적대감을 가지고 있으나, 조지아에서 아르메니아에 들어올 때 터키인이 한 사람 같이 타고 왔으나 별문제 없이 쉽게 입국을 허락한 점으로 볼 때 양국 간 인적 교류까지 단절시키지는 않았다. 특히 최근 아르메니아에서도 BTS 등 한국의 K-pop이 매우 인기가 있고 한국 자동차들도 많이 팔리고 있어 한국인에 대한 이미지는 매우 좋다.

아르메니아는 우리 외교부에 의해 여행주의 국가로 지정되어 있다. 이는 나고르노-카라바흐 지역을 둘러싼 아르메니아-아제르바이잔 간의 끝나지 않은 전쟁 때문이나, 예레반의 치안 상황은 매우 좋다. 길거리에 불량배들이 보이지 않고 밤에 돌아다녀도 전혀 위험이 감지되지 않았다.

 한국 총영사관과 비상시 긴급 연락처

아르메니아에 한국 대사관은 없고 주러시아 한국대사가 아르메니아 대사를 겸하고 있으며, 예레반 시내에 한국 총영사관이 개설되어 있다. 총영사관은 지하철 북쪽 마지막 역인 바레카무튠(Barekamutyun)역에서 멀지 않은 곳에 있다.

- 예레반 한국총영사관 주소 : 13a, Sepuh street, Yerevan, Armenia
- 전화 : (+374) (0)91 40 31 91
- 비상전화 : 112, 예레반 경찰 : 102, 앰불런스 : 103

6. 통화와 환율 및 물가

아르메니아의 통화는 드람(Dram)이며, 공식적으로 AMD(Armenian Dram)로 표기한다. 하위단위 동전은 루마(luma)이나 가치가 낮아 사용되지 않는다.

📷 아르메니아 화폐 기호

지폐는 1,000, 5,000, 20,000, 50,000, 100,000드람 지폐가 있고, 동전은 10, 20, 50, 100, 200, 500드람 동전이 있다.

상점에서는 오로지 현지 화폐인 드람으로만 거래할 수 있으며, 달러나 루블화를 지불하면 드람으로 바꿔오라고 한다. 시장이나 개인 상점에서는 달러나 루블을 받기도 한다. 대부분의 호텔이나 식당에서는 크레디트 카드(Visa, Master Card, American Express)로 지불할 수 있다.

아르메니아 환율도 변동환율제로 실제 교환환율은 대략 1$=485Dram이며, 은행만이 아니라 환전소에서 현지 화폐로 교환할 수 있으나, 조지아와 달리 수도인 예레반에서 조차 길거리에서 환전소를 찾기가 쉽지 않다. 보통 커다란 슈퍼마켓 입구에 환전소가 있다. 은행은 월요일에서 금요일까지 9시부터 17시 30분까지 일한다. 주말에는 환전소에서 현지 화폐로 교환할 수 있다.

트빌리시에서 택시나 승합차(마르슈루트카)를 타고 예레

📷 조지아-아르메니아 국경 환전소 환율표시판 (2018.10)

📷 아르메니아 지폐(Яндекс.Картинки> currency of armenia)

📷 아르메니아 동전(Яндекс.Картинки> currency of armenia)

반으로 갈 경우 조지아에서 아르메니아 국경을 통과하자마자 있는 슈퍼마켓에서 또는 항공편의 경우 공항에서 넉넉히 환전을 해도 좋다.

<물가 수준>

물가는 카푸치노 한잔 1,000드람, 식사비는 1인당 카페는 3,000드람, 레스토랑은 수프가 800~900드람, 양고기 수프인 보즈바쉬(Bozbash) 1,500드람, 메인요리 2,300드람 등 총 10,000드람 정도 요구된다. KFC는 9조각 1박스에 4,800드람(약10$)이다. 맥도날드 콤보는 2,500드람이다.

생수 0.3리터 50~100드람, 우유 1리터 420드람, 맥주 0.5리터 375드람, 와인 0.75리터 2,000~2,500드람, 바나나 1kg 850드람, 사과 1kg 350드람, 빵(레뾔슈카) 대 200, 소 100드람 정도이다.

교통비는 버스, 트롤리버스, 지하철 요금은 1회 탑승 시 100드람이며, 화장실 이용은 30~50드람이다.

7. 수도 예레반 들여다보기

1) 도시 개황

아라라트 평원의 서쪽 끝에 있는 예레반은 코카서스에서 가장 오래된 도시 중 하나이다. 옛 명칭은 예레부니(Erebuni)다. BC782년 우라르투(Urartu) 왕 아르기슈티 1세(Argishti I)가 예레부니라는 이름으로 도시를 세웠다는 설형문자 명문 기록이 아르메니아 국립박물관에 남아있다.

현재는 아르메니아의 행정, 교육, 문화, 상업 및 산업의 중심지로 2018년 도시 설립 2800주년을 기념했다. 예레반은 유럽과 인도를 연결하는 교역로의 중계지로서 번창했으며, 15세기 이후 오스만 제국과 페르시아 사파비 왕조의 각축지가 되었다가 19세기 초반 제정 러시아에 의해 점령되었다.

ⓘ 예레부니 건설기록 명문
(아르메니아 국립박물관)

20세기 초엽까지는 인구 3만 명의 소도시였으나, 1917년 러시아 공산혁명의 혼란 와중에 아르메니아가 1918년 5월 독립을 선언하면서 수도가 되었다. 그러나 1920년 적군에 함락된 후 자카프카즈 연방공화국의 일원으로 소련영토로 편입되었다가 1936년 스탈린에 의해 자카프카즈 연방공화국이 그루지아(조지아의 러시아식 명칭), 아르메니아, 아제르바이잔 공화국으로 나뉘면서 소연방 내 아르메니아 공화국의 수도가 되었다. 1991년 아르메니아의 독립과 함께 독립 아르메니아의 수도로 지위가 바뀌었다.

예레반은 소련시대 도시계획이 적용된 첫 번째 도시로 시내 중심가는 도시구획이 잘 되어 있으며 모스크바와 같이 중심가를 둘러싸고 환상도로와 공원이 잘 설치되어 있다.

ⓘ 예레반 중심부 공화국 광장 전경

최근 2015년 터키에 의한 아르메니아인 대학살(제노사이드) 100주년과 2018년 독립 100주년을 기념하여 도시 중심부를 초현대식으로 개조하여 도시 중심부는 유럽의 대도시 못지않게 화려하게 꾸며져 인상적이다.

수도 인구는 공식적으로는 1,075,800명이나 실제로는 경제적 어려움으로 많은 사람이 일자리를 찾아 외국으로 떠나 100만 명이 채 안된다고 말한다. 어쨌든 아르메니아 전체인구의 1/3이 예레반에 살고 있다고 보면 된다.

2) 숙박

예레반 시내에는 Hilton, Hyatt, Radisson BLU, Marriott 등 하루 숙박비가 수백 달러에 달하는 5성급 최고급 호텔에서 수십 달러에 불과한 호스텔이나 게스트 하우스에 이르기 까지 다양한 숙박시설들이 있다. 50달러면 비교적 깨끗하고 조식을 제공하는 3성급 소형 호텔들을 찾을 수 있으나, 트빌리시나 바쿠에 비해 이런 호텔들이 많지가 않다. 중심가에 20달러/1박 미만의 호스텔도 있으나 찾기가 쉽지 않다. 예레반 중심가의 숙박지를 몇 군데 소개해 보고자 한다.

 예레반 중심가의 숙박지 팁

• Tetatet Hotel :
　위치 : 예레반 최중심 번화가 8 Abovyan street에 위치, 미니 호텔
　연락처 : tel +374 10 589879 / email : tetatet2218@mail.ru
　가격 : 2인실 1박 18,000~21,000드람

• Tigran Mets Hotel :
　위치 : 9 Tigran Mets Avenue
　연락처 : tel +374 11 705705 / email : info@tigranmets.am
　가격 : 2인 1실 1박에 20,000~25,000드람

- Europe Hotel :

  위치 : 38 Hanrapetutyan str. Yerevan

  연락처 : tel +374 10 546060 / email : info@europehotel.am)

  가격 : 2인 1박에 45,000드람

- Best Hostel Republic Square :

  위치 : 26 Vazgen Sargsyan street(공화국 광장 바로 옆)

  연락처 : tel +374 10 546767 / email : inforepublic@besthostel.am)

  가격 : 2인실 1박에 12,000드람

<임대 아파트>

　예레반 시내 중심가에는 호텔이나 호스텔 외에도 깨끗하게 정비된 게스트하우스형 임대아파트가 많다. 임대회사에서 제시하는 가격은 취사가 가능한 1 Bedroom이 1박에 비수기(1.7-3.15, 3.15-12.25) 10,500~20,800드람, 성수기(3.15-10.20, 12.25-1.7) 21,000~31,200드람이다. 2 Bedroom, 3 Bedroom은 1 Bedroom에 비해 1.5, 2.5배 임대비용이 올라가며, 최소 임대기간은 3일이다. 이 비용은 청소, 전력, 난방, 인터넷 등 일체의 비용을 포함한 가격이며, 11일 이상 장기 숙박 시 23% 정도 더욱 저렴하게 얻을 수 있으므로 장기 여행자나 출장자는 임대아파트를 이용하는 것도 좋다. 신뢰할 수 있는 임대회사는 "Hyur Service"사로 웹 주소 www.hyurservice.com이나 e-mail contact@hyurservice.com 또는 전화 (+374)54-60-40나 (+374-94)56-04-95를 통해 예약이 가능하다.

3) 교통

일반적인 교통수단은 버스와 트롤리버스, 지하철(Metro)이다. 예레반에는 아직 교통카드 시스템이 도입되어 있지 않아 현금으로 차비를 내야 한다. 그러나 도시가 작아 중심부는 대부분 걸어서 구경할 수 있으며, 걸어서 다니면 보다 낭만을 느낄 수 있다.

<버스와 트롤리 버스>

시내버스는 대형버스는 거의없고 미니버스가 대부분이며, 1회 탑승에 100드람(한화 약 250원)이다. 트롤리 버스도 같다. 그러나 버스 차량 앞과 옆에 적혀 있는 노선 안내표지가 모두 아르메니아어로

📷 예레반 시내버스

만 되어 있어 외국인이 읽을 수 없으므로 사전에 목적지로 가는 버스 및 트롤리 노선과 정류장 수를 숙지하고 타야 된다.

<지하철(Metro)>

지하철(Metro)은 구소련 시대인 1981년 개통된 1개 노선(10개역)만이 있으며, 방공호를 겸비하여 건설되었기 때문에 지하 150~200m 깊이에 건설되어 있어 에스컬레이터로만 이동한다. 아침 6시 30분부터 저녁 11시까지 매 5분 간격으로 운행한다. 교통비는 1회 탑승에 100드람이며, 지하철은 역 구내에서 플라스틱으로 된 토큰을 구입하여 탑승장 입구 개찰구 삽입구에 넣고 에스컬레이터를 타고 내려가며, 하차 시에는 별도의 체크 없이 그냥 나오면 된다.

여러 번 지하철을 탈 경우 카드를 구입해 충전하여 사용할 수 있으나, 오로지 지하철용으로 버스 탑승은 불가하다.

📷 예레반 지하철 개찰구

예레반 지하철에서는 사진촬영이 엄격히 금지되어 있다. 지하철역 구내에서 사진을 촬영하려 할 경우 보안요원에 의해 바로 제지당한다. 이는 아마도 아제르바이잔과의 전쟁 때문에 보안(security)에 민감하기 때문인 것으로 보인다. 시내 정중앙인 공화국 광장(Republic Square)에 내리는 역이 공화국 광장 바로 우측 옆에 있는 한라페투티안 흐라파

📷 예레반 지하철 내부 모습

라크(Hanrapetutyan Hraparak)역이다. 이 역에서 나오면 바로 앞에 Tourist Information Center가 있어 관광에 필요한 시내 지도와 아르메니아 소개 소책자를 얻을 수 있다.

<택시>

버스나 지하철이 익숙치 않을 경우 택시를 이용하면 된다. 택시비는 1km당 기본 100드람이면 되므로 택시를 타도 큰 부담은 되지 않는다. 시내 중심부는 600~2,000드람이면 된다. 시내 중심 공화국 광장에서 예레반-트빌리시 버스정류장까지는 5-6분 거리로 600드람이면 되며 교통량이 많아 시간이 좀 걸려도 1,000드람

이면 된다. 스마트폰에 러시아와 CIS 지역에서 사용하는 Yandex Taxi 앱을 다운받아 설치하면 한국의 카카오 택시와 마찬가지로 스마트폰을 통해 택시를 불러 이용할 수 있으며, 출발지에서 도착

ⓘ 예레반 택시

지까지의 비용이 화면에 다 표시되므로 바가지를 쓰지 않고 이용할 수 있다.

Yandex Taxi 앱 사용이 어려울 경우 체류하고 있는 호텔 카운터에 목적지를 얘기하고 Yandex Taxi를 불러달라고 하면 택시를 불러 주고 요금도 알려준다. 버스 정류장이나 길거리에서 택시를 잡을 경우 5~6배의 바가지를 씌우는 기사가 있으므로 조심해야 한다. 예레반 택시의 경우 일반 승용차 위에 TAXI라고 쓰인 노란 캡이 있다.

<예레반 City Tour>

예레반 시내 전체를 짧은 시간에 조망해 보고자 할 경우에는 2시간 동안 시내 주요 볼거리를 돌며 오디오 설명도 제공해 주는 "예레반 시티 투어" 버스를 이용하면 된다. 프랑스 광장의 오페라

ⓘ 예레반 City Tour 버스

하우스 근처에서 출발하며, 월요일을 제외하고 매일 11시, 15시, 18시에 출발한다. 요금은 1,500~3,000드람이다.

주말인 금요일, 토요일, 일요일에는 20시 30분에 공화국 광장에

서 출발하는 45분 코스의 "야간 예레반시티 투어"가 있으며, 요금은 1,000드람이다.

4) 음식과 먹거리

아르메니아인들의 주식은 조지아인들과 같이 빵과 고기이다. 전통음식으로 빵은 화덕에 직접 구운 레뾰슈카와 보자기처럼 얇게 구운 라바쉬가 대표적이다.

📷 라바쉬를 어깨에 멘 아르메니아식 결혼

고기는 돼지고기와 양고기를 가장 즐기며 소고기, 닭고기 모두 즐긴다. 고기 음식으로는 갈비 스테이크와 꼬치구이인 샤슐릭이 대표적이며, 아랍의 영향으로 케밥 종류도 많다. 아르메니아의 가장 대표적인 전통음식으로는 가

📷 화덕에서 즉석 구워낸 레뾰슈카

르니 야라흐(Garni Yarakh)와 돌마(Dolma)가 있다. 가르니 협곡을 의미하는 가르니 야라흐는 예레반 인근 가르니 지방에서 유래한 음식으로 커다란 가지나 파프리카 속에 다져진 양고기 또는 소고기와 양파, 토마토 등을 넣고 오븐에 조리한 음식이다. 돌마는 다진 고기를 양배추나 포도잎으로 말아 쪄낸 요리로 현지인들이 가장 즐기는 요리 중 하나이다. 고대로부터 유래된 하리싸(Harissa)는 종교적 행사나 집단적 용기를 북돋우기 위해 요리하는 특별 전통음식으로 닭고기나 양고기, 소고기 등을 커다란 용기에 몇 시간 곡류와 함께 끓이는 것으로 우리의 닭죽과 비슷하다. 수프 종

📷가르니 야라흐   📷아르메니아 돌마   📷전통음식 하리싸

류로는 보즈바쉬(Bozbash)와 러시아식 보르쉬가 있다. 우리 대부
분의 사람들의 입맛에도 아주 잘 맞는 것 같다.

갓 구워낸 레뾰슈카 빵과 양갈비 샤슐릭에 가르니 야라흐를 아
르메니아 홈메이드 포도주를 곁들여 먹는 즐거움은 예레반 여행
의 묘미를 더 한다.

아르메니아에서는 차차보다는 코냑을 즐기며, 코냑에 대한 자부
심이 대단하다. 집집마다 홈 메이드 코냑을 만들어 마시고 길거리
에서도 판매하고 있으며, 상점에서도 매우 화려하게 포장된 여러
종류의 코냑을 마주할 수 있다. 코냑은 보통 숙성기간에 따라 가
격 차이가 많이 나며 'Ararat', 'Kremlin', 'Tigran' 등이 유명하다.

이러한 아르메니아 전통음식을 맛보려거든 예레반 중심가 투마
난 거리 30번지(30 Tumanyan street, Yerevan)에 있는 레스토랑 토스
피아(Tospia)에 들르기를 권하고 싶다. 아주 깔끔하고 우아하며 모
던하게 인테리어를 한 내부에다 정갈한 음식, 눈앞의 화덕에서 직
접 구워내는 따뜻한 레뾰슈카를 맛볼 수 있다. 값도 그리 비싸지
않아 2인이 포도주를 곁들여 식사를 해도 3~4만원 정도이다.

물론 전통음식들을 단품으로 파는 음식점이나 카페들도 많다.
아르메니아 음식이 잘 맞지 않는다면 피자나 스파게티에 맥주, 포
도주 등을 파는 카페테리아가 아주 많으며, 사람들이 많이 몰리
는 곳을 찾아가면 실망 없이 음식을 즐길 수 있다. 예레반 중심가

투마난 거리의 Tospia 레스토랑 입구 　　　Tospia의 샤슬릭 안트레코트(양갈비 구이)

에는 맥도날드 햄버거와 KFC 집도 몇 군데 있고 이란 음식점도 많이 진출해 있으나 한국음식점이나 식품점은 아직 없다.

아르메니아 레스토랑에서 음식을 주문해 먹을 경우 10%의 서비스료가 부과된다. 따라서 팁에는 신경을 쓰지 않아도 된다.

호텔이나 숙소에서 간단히 식사를 하려면 슈퍼마켓에 가면 각종 과일과 빵 종류, 포도주, 우유 및 요구르트 제품, 생수 등이 우리의 슈퍼마켓과 별 차이 없이 구비되어 있어 불편 없이 이용할 수가 있다. 빵과 우유, 과일 등 기본 생필품 값은 매우 저렴하다. 아르메니아는 물론 3개국 모두 상수원이 좋아서 호텔이나 공공건물 등의 수돗물을 그대로 마셔도 된다고 하나 생수를 사서 마시기를 권한다.

5) 볼거리

<도시의 특징>

예레반은 시 남북으로 세반 호수에서 발원하는 흐라즈단 (Hrazdan) 강이 흐르며 강 동쪽의 예레반시 중심부는 중앙의 공화국 광장과 북쪽의 프랑스 광장을 중심으로 방사형으로 계획된 도

시로 대부분 걸어서 관광할 수 있다.

대부분의 유적과 볼거리들이 시 중심부를 원으로 감싸고 있는 반지공원(Kal'tsevoy Park, Ring Park)과 사럔 거리(Saryan street) 안쪽에 있다. 지하철역으로는 공화국 광장(Republic Square)역을 중심으로 남쪽으로는 조라바르 안드라니크(Zoravar Andranik)역, 북동쪽으로는 예리타사르다칸(Yeritasardakan)역 안쪽이다.

<공화국 광장(Republic Square)>

공화국 광장은 아르메니아어로 한라페투티안 흐라파라크(Hanrapetutyan Hraparak)라고 불리며 흔히 흐라파라크(the square)라고 부른다. 공화국 광장 주변에는 아르메니아 정부청사, 아르메니아 국립 역사박물관과 미술관, 매리어트 호텔, 외교부, 우체국, 에너지부 청사 등이 광장을 빙 둘러싸고 있으며 역사박물관 정면 광장의 한가운데에 커다란 분수 연못이 있어 대도시의 가장 아름다운 중앙광장중 하나로 꼽힌다. 소련 붕괴 전까지는 '레닌 광장'으로 불리고 중앙에 레닌 동상이 있었으나, 독립 후 레닌 동상을 제거하고 명칭도 공화국 광장으로 바꾸었다.

항상 물줄기를 뿜어내는 광장의 분수는 시원한 청량감과 함께 밤에는 조명으로 아름다운 야경을 연출해 항상 사람들이 붐비며, 광장 가운데 주차장과 주변에는 아르메니아의 명소들로 가는 투어상품을 제공하는 택시와 승합차들이 줄을 지어 있어 가고 싶은 곳을 선택하여 흥정할 수 있다.

공화국 광장을 중심으로 북쪽으로는 세베르느이 프로스펙트(Severniy Prospekt, Northern Ave.)가 뻗어있고, 남쪽으로 티그란 메츠 프로스펙트(Prospekt Tigrana Metsa, Tigran Mets Ave.), 남서쪽으로

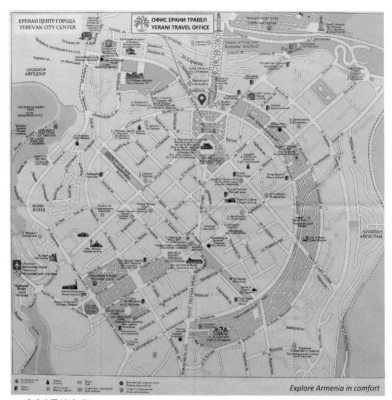

📷 예레반 중심가 지도

사르그샨 거리(Sargsyan V. street), 서북쪽으로 아미랸 거리(Amiryan street)가 뻗어 있다.

티그란 메츠 프로스펙트는 티그란 대왕을 기리기 위해 명명한 거리로 주로 의류, 신발 등을 파는 상가와 현지 음식점 등이 밀집해 있어 우리의 동대문 거리와 비슷한 느낌을 주며, 이곳에서는 아르메니아 일반 서민들의 정취를 느낄 수 있다. 티그란 메츠(티그란 대왕)의 메츠는 '위대한'을 의미하는 현지어이다.

바즈겐 사르그샨 거리는 나고르노-카라바흐 전쟁의 영웅으로 독립 후 초대 국방장관과 총리를 역임했으나 1999년 괴한들의 국

회의사당 공격 시 암살된 V. 사르그샨을 위해 명명된 거리로서 은행과 관공서가 밀집해 있다.

<세베르느이 프로스펙트(북쪽 대로) 주변>

공화국 광장에서 아람 하차투랸(Aram Khachaturyan) 콘서트홀이 있는 아자투티안(Azatutyan)광장에 이르는 세베르느이 프로스펙트가 최고 번화가로 주변에 최고급 아파트, 고급음식점, 상가, 카페, 극장, 호텔 등이 몰려 있다. 2010년 이후 집중적인 투자가 이루어지고 있는 곳으로 예레반의 변화를 선도하고 있다. 대로 지하에는 대규모 지하상가가 건설되어 있다. 아자투티안 광장 뒤로 프랑스 광장(France Square), 타마냔 거리(Tamanyan str.), 명물 Cascade가 연결되어 있다.

이 거리 좌우측의 주변에 깨끗한 임대아파트들이 많이 운영되

📷 세베르느이 프로스펙트   📷 아람 하차투랸 콘서트홀

고 있어 이를 이용하면 쾌적하게 아르메니아와 예레반 여행을 즐길 수 있다.

<사랸 거리(Saryan street)>

예레반 중심부 서쪽의 링 로드(반지형 거리)를 구성하는 사랸 거리(Saryan street)는 20세기 아르메니아 최고의 예술가로 칭송되는 마르티로스 사랸(Martiros Saryan)을 기리기 위해 명명된 거

📷 마르티로스 사랸

리로 고인이 살던 집에 생전에 세워진 사랸 박물관이 있을 뿐만 아니라, 예레반의 와인 거리로 유명하다. 매년 5월 4-5일에는 예레반 와인 축제가 이 거리에서 열리며, 독특한 분위기로 인해 현지인은 물론 관광객들이 많이 찾는 거리이다.

화가인 마르티로스 사랸(Martiros Saryan, 1880~1972)은 1880년 제정 러시아의 로스토프-나-도누에서 태어나 모스크바예술학교를 졸업했으며, 1901년 처음으로 모국인 아르메니아를 방문한 후 아르메니아의 자연과 일상에 대한 많은 그림을 남겼다. 볼셰비키 혁

■◎ 사란의 그림들

명 후 러시아로 돌아가 살다가 1926~1928년까지 파리에서 살았으나 1928년 아르메니아로 돌아온 후 1972년에 생을 마칠 때까지 아르메니아에서 살았다.

현대 아르메니아 국립회화학교의 설립자이며, 소련시대 3번에 걸쳐 최고 훈장인 레닌훈장을 받고 의회격인 소련 최고회의(Supreme Soviet)의 대의원으로도 선출되는 등 20세기 아르메니아는 물론 소련 시대 최고의 미술가로 추앙받고 있다. 풍경 산수화를 많이 그렸으며, 색의 마술사로 칭송된다. 아르메니아 지폐 20,000드람의 도안에 그의 초상이 사용되고 있다.

<Bar District>

아자투티안 광장(Azatutyan Square) 서쪽에는 예레반 사람들이 저녁에 가장 많이 찾는 "Bar District"라는 구역이 있다. Saryan, Tumanyan, Parpetsi, Pushkin streets로 둘러싸인 이 지역은 예레반 젊은이들이 가장 좋아하는 곳으로, 각양각색의 펍(pub)과 재즈 클럽, 음악 카페들이 있어 다양한 종류의 음악을 들으며 식사와 주류를 즐길 수 있다.

<조라바르 안드라니크(Zoravar Andranik) 전철역 주변>

조라바르 안드라니크(Zoravar Andranik)역 주변 반지공원에는 아르메니아가 301년 기독교를 국교로 받아들이게 만든 성 그레고리의 이름을 딴 성 그레고리 대성당(Saint Gregory The Illuminator Cathedral)과 서커스 공연장이 있으며, 지하철 역사 위쪽은 러시아 쇼핑몰이다. 성 그레고리 대성당 앞에는 조라바르 안드라니크의 동상이 있다.

티그란 메츠 대로의 끝에
있는 성 그레고리 대성당은
아르메니아 정교회 성당중 세
계에서 규모가 제일 큰 성당
으로 2,500명을 수용할 수 있
으며, 저명한 아르메니아 기업
가들의 기부로 아르메니아의
기독교 국교화 1700주년을
기념하여 2001년 완공되었다.

📷 예레반의 성 그레고리 대성당

이탈리아에 있던 성 그레고
리의 유품과 유해가 봉안되
어 있으며, 완공 직후인 2001
년 로마교황 요한 바오로 2세
가 방문한 바 있다.

조라바르 안드라니크(1865-
1927)는 19세기 말에서 20세
기 초 아르메니아 민족해방운

📷 조라바르 안드라니크 동상

동의 선구자로 제1차 세계대전에서 아르메니아 민병대를 이끌고
오스만 투르크와의 전쟁에 참가하여 혁혁한 공을 세움으로써 제
정러시아의 장군이 되었다.

대아르메니아의 부활을 꿈꾼 그는 볼셰비키 혁명의 와중에 제
정러시아군이 터키 전선에서 철수한 후 소수의 병력으로 오스만
투르크군 및 아제르바이잔 민병대와의 치열한 게릴라전을 통해
장제주르(Zangezur)주 (현재의 Syunik 지역)를 지켜냄으로써 아제르바
이잔 본토와 나히치반을 갈라놓는 장제주르주가 아르메니아 영

토가 되게끔 한 전설적 인물이다. 아르메니아 민족의 영웅으로 추앙받고 있으며 그를 기리는 노래와 시, 소설 등이 많이 쓰여졌다.

<승리공원(Victory Park)>

반지공원 외곽의 북동쪽으로 승리공원(Victory Park)에는 아르메니아를 지키다 스러져 간 용사들을 기리는 '꺼지지 않는 불꽃'과 아르메니아의 수호신이라 불리는 '아르메니아

ⓒ 아르메니아의 어머니(Mother Armenia) 동상

의 어머니'(Mother Armenia) 동상이 있다.

원래는 스탈린 동상이 있던 자리이나 스탈린 격하운동의 과정에서 1967년 현재의 동상으로 대치되었다. 동상 아래 제단은 군사박물관으로 1988~1994년 간 아제르바이잔과의 나고르노-카라바흐 전쟁 관련 전사 자료들이 전시되어 있다.

반지공원 외곽 북서쪽 지하철 Marshal Bagramyan역 주변에는 아르메니아 대통령궁과 과학아카데미, 국회 건물 등이 운집해 있다.

<블루 모스크(Blue Mosque)>

공화국 광장 남서쪽 마슈토츠 거리(M. Mashtots ave.) 남쪽 끝에 매우 아름다운 건축미를 자랑하는 '블루 모스크(Blue Mosque)'라 불리는 이슬람 사원이 있다. 과거 이슬람의 지배를 상징하는 유적인 블루 모스크는 이란이 지배하던 시절인 1765년 건설된 전형적인 시아파 이슬람 사원으로 구소련 시절에 복원되었으며,

아르메니아가 독립한 후인 1994~1998년 이란 정부가 동 사원을 새로 단장해 아르메니아 주재 이란 대사관의 문화원으로 사용하고 있다. 현재 아르메니아에서 유일하게 활동하는 이슬람 사원이다.

◎ Blue Mosque

<박물관>

예레반 시내에는 박물관들이 많다. 아르메니아 역사박물관 (History Museum of Armenia), 예레반 역사박물관(Yerevan History Museum), 아르메니아 국립 미술관(National Gallery of Armenia), 예레브니 역사-고고학 유적 박물관(Erebuni historical-archeological reserve-museum), 아르메니아인 제노사이드 박물관-연구소 (Museum-Institute of the Armenian Genocide), 가페스쟌 예술박물관 (Cafesjian Museum of Art) 등이 있다.

이중 아르메니아의 진면목을 알고 싶고 이들의 문화 예술적 깊이와 감동을 느끼고자 하면 아르메니아 역사박물관에 꼭 한번 들르기를 권한다. 아르메니아 역사박물관에는 180만년 전으로 거슬러 올라가는 코카서스 지역의 방대한 석기시대 유물과 청동기, 철기 시대 등의 고고학적 유물은 물론 고대 아르메니아 왕국, 12~13세기의 실리시아(Cilicia) 왕국, 제노사이드와 독립 등 근현대 역사 유물들과 민속 의상, 고대 주화 등 40만여 점이 방대하게 전시되어 있다. 이 박물관에 소장되어 있는 정교하고 아름다운 각종 유물들을 보노라면 아르메니아인들이 인류의 문명과 발전에

📷 아르메니아 역사박물관 전경

얼마나 크게 기여하였는지를
가늠하게 한다.

역사박물관에는 1915년 터
키에 의한 제노사이드(대학살)
전시실, 1918년 1차 독립투쟁
실, 소련시대 및 독립 후 국가
재건실 등의 전시실이 별도로
설치되어 있어 실리시아 왕국
이후 600여년 동안 민족국가
를 갖지 못하다가 오늘날 독립
국가를 갖게 된 험난한 과정

📷 역사박물관 입구 Gagik I Bagratid 동상(모형)

을 기억하고 후세에 전하려는 결기가 느껴진다. 이 역사박물관이
1918년~1920년의 첫 번째 독립 시기에 건립되어 문을 열었다고
하니 아르메니아인들이 자신들의 역사와 문화를 보존하고 독립
을 지키려는 열망이 얼마나 큰지를 짐작할 수 있으며 이들의 노력
에 저절로 고개가 숙여진다.

아르메니아 역사박물관은 공화국 광장의 한복판에 있어 쉽게 접근할 수 있을뿐만 아니라 국립미술관도 한 건물에 있어 두 가지를 한 장소에서 관람할 수 있다. 오전 11시에 문을 열고 월요일은 휴관이며, 입장료는 2,000드람이다.

같은 건물에 아르메니아 국립미술관(National Gallery of Armenia)이 함께 있어 아르메니아인들의 예술세계를 한 곳에서 들여다 볼 수 있다. 미술관 입장료는 별도이며 1인당 3,000드람이다.

<예레부니 역사-고고학 유적 박물관>

예레반시 예레부니 구에 있는 "예레부니 역사.고고학 유적 박물관"(Erebuni historical-archeological reserve-museum)은 구소련 시대인 1930~1960년대 발굴 유물을 바탕으로 예레부니(예레반 요새) 성도 2750주년을 기념하여 1968년에 개관하였다. 예레반 시의 발전과정과 고대생활을 한눈에 볼 수 있는 명소이다. 매년 15,000명 이상이 방문하는 역사교육 현장이다. 개관은 10시 30분부터 16시 30분까지이며, 입장료는 학생 300드람, 성인 1,500 드람이다. 산하 지부로 셴가비트(Shengavit)와 카르미르 블루르(Karmir Blur) 고고학 박물관-유적지가 있다.

<셴가비트(Shengavit)와 카르미르 블루르(Karmir Blur) 고고학 박물관-유적지>

고고학에 관심이 많으면 예레반시 남서부 흐라즈단강 서안의 청동기 유적지인 셴가비트(Shengavit)와 예레반 남서부 교외에 위치한 BC 7세기 도시 유적지인 카르미르 블루르(Karmir Blur)에 가볼 수 있다.

📷 예레반에서 바라다본 아라라트산(아르메니아 관광청 사진)

📷 Cascade 예레반

<캐스케이드(The Cascade)>

프랑스 광장(France Square) 북쪽 언덕 위에 예레반시를 조망할 수 있는 거대한 건축물인 캐스케이드가 있다. 1980년 1차 완공된 후 2009년 카페스쟌 예술박물관(Cafesjian Museum of Art)을 캐스케이드 단지 내에 수용함으로써 다양한 볼거리를 제공해 주고 있다.

이곳에서는 현대 아르메니아 거장들의 각종 아름다운 조각품과 보테로(Botero)의 조각품 등 현대 예술품을 만날 수 있다. 총 6층의 572개 계단을 오르거나 내부에 설치된 에스컬레이트를 통해 정상에 오를 수 있으며, 정상에서는 예레반 시 뿐만 아니라 아르메니아인들의 성산인 아라라트산을 볼 수 있다. 야경도 매우 아름다워 점차 예레반의 Land mark가 되어가고 있다.

아르메니아인들은 자신들의 민족의 탄생지인 아라라트산을 항상 가까이서 보고 느끼기를 바라면서 하루빨리 그곳으로 갈 수 있기를 갈망하고 또한 희망과 힘을 얻는 것으로 보인다.

<마테나다란(Matenadaran)>

메스롭 마슈토츠 거리(Mesrop Mashtots avenue) 북쪽 끝에는 "마테나다란(Matenadaran, 書庫를 의미)"이라는 박물관이 있다.

동 박물관에는 17,000여종에 달하는 고문서와 성경 필사본 등이 소장되어 있다. 박물관 앞에는 아르메니아 문자를 만든 마슈토츠의 동상이 있다. 아르메니아 기업인들의 기부로 박물관을 완공하여 성 에치미아진 대성당에 보관하고 있던 자료들을 이곳으로 옮겨왔다. 기독교와 자신들의 역사에 대한 아르메니아인들의 애절한 사랑과 갈망이 방대한 자료들을 만들어내고 보존해 왔다. 자료 박물관 겸 연구소의 기능을 하고 있다. 아르메니아인들의 정

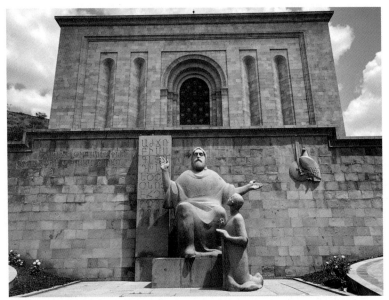

📷 Matenadaran(마테나다란)

신세계와 지적 깊이를 가늠해 볼 수 있는 장소이며, 특히 아르메
니아어와 고대 성경 필사본에 관심이 있으면 꼭 들러보길 권한다.
아르메니아인들이 어떻게 기나긴 시간의 역사 단절 속에서도 자
신들의 민족적 정체성을 유지해 왔고 나라를 다시 세울 수 있었는
가를 조금은 이해할 수 있는 곳이다.

📷 14세기 아르메니아 복음서 필사본 표지
(마테나다란 소장)

📷 14세기 아르메니아 복음서 필사본 내용 일부
(마테나다란 소장)

8. 아르메니아 지방 명소

아르메니아는 아름다운 자연경관과 더불어 전국이 기독교 문화유적들로 덮여있다고 해도 과언이 아니다. 지방 어디를 가던 고대 수도원과 교회의 유적들을 볼 수 있다. 수도 예레반 이외 아르메니아의 주요 관광명소들은 대부분 하루에 다녀올 수 있는 거리에 있다.

예레반 주변에는 동쪽으로 UNESCO 문화유산인 가르니(Garni) 사원과 게가르드(Geghard) 수도원 등이 있다.

<가르니 사원(Garni Temple)>

예레반에서 28km 떨어진 로마의 파르테논 신전을 본뜬 듯한 가르니 사원(신전)은 BC 1세기에 로마의 도움으로 건설된 것이라는 것이 일반적인 견해이나, 아르메니아인들은 AD 76년 아르메니아왕 트르다트 1세(Trdat I)가 고대 태양신(Mithra)에게 제사를 지내기 위해 세운 것이라고 주장한다.[3] 기독교 이전의 다신교를 숭배하던 신전이라 태양신전(Temple to Mithra) 또는 이교도 신전이

📷 가르니 사원과 요새터

라고도 불린다. 24개의 기둥은 하루의 시간을 나타낸다고 한다. 이 사원은 AD 1세기 전후 이 지역이 로마의 영향권 아래에 있었음을 보여주는 증거로 인용된다.

---

3) АРМЕНИЯ туристическая путеводитель, июль-август 2018, No.5, p.76 참조.

📷가르니 사원 아래 계곡 풍경

이 지역은 고대 아르메니아인들이 요새로 쓰던 곳이며, 사원의
이름은 이 요새 건설자의 손자 이름이 가르니크(Garnik)였던 데서
유래한다고 한다. 사원은 1679년 이 지역의 대지진에 의해 파괴되
었으나, 소련 시기 10년에 걸친 복원작업 끝에 1976년 복원되었다.
  가르니 사원 아래 협곡으로는 아자트강(Azat river)이 흐르며 강
위쪽에는 세계 최대의 주상절리가 있다.

<게가르드(Geghard) 수도원>
  예레반에서 40km 떨어진 게가르드 수도원은 4세기 초 성 그레
고리 대주교(St. Gregory the Illuminator)가 동굴에 세운 수도원을 기
반으로 확장된 것으로 'Ayrivank(동굴 수도원)'라고도 한다. 이후 그
레고리 대주교를 동굴 초입으로 이끈 성스러운 샘물 위에 교회가

ⓒ Geghard 수도원 전경

세워졌으며 초기 기독교의 행적과 유적들을 가장 잘 간직하고 있는 곳 중의 하나이다. 수도원을 둘러싸고 있는 거대한 바위산들에는 각종 십자가들이 암각되어 있고, 로프나 사다리로만 올라갈 수 있는 조그마한 동굴 예배실들 등의 모습이 그대로 간직되어 있어 장관을 이룬다. 그레고리 대주교도 이 중 한 동굴 예배실에서 생활했던 것으로 믿겨진다.

십자가에 못 박혔던 예수 그리스도를 찌른 로마 병사의 창 등 유품 성물들의 일부를 이곳으로 가져왔었다는 전설이 있어 Geghard(Spear) Monastery(창의 수도원)이라는 명칭을 얻었다. 이곳에 있는 또 다른 유물로는 노아의 방주(Noah's Ark)의 나무 조각이 있다. 현재 이 성물들은 에치미아진에 보관되어 있다. 이로 인해 예로부터 기독교인들의 중요한 순례 장소였으며 오늘날에도 많은

📷 Geghard 동굴사원 모습   📷 Geghard수도원 가는길의 하츠카르들

사람들이 찾는 대표적 명소중 하나이다.

수도원 올라가는 길의 하츠카르들(위 우측사진)은 아제르바이잔 인들에 의해 파괴된 나히치반 줄파(Julpa)에 있던 하츠카르들을 복원 제작하여 세워둔 것이다.

<에치미아진(Mother See of Holy Echmiadzin) 대성당>

예레반 서쪽으로 18km 떨어진 기원후 아르메니아 왕국의 수도 였던 바가르샤파트(Vagharshapat)에 역시 UNESCO 유산인 에치미아진(Holy Echmiadzin) 대성당과 즈바르트노츠(Zvartnots) 대성당이 있다.

서북쪽으로는 아라가쯔(Aragats) 산 방향의 아르메니아 알파벳 기념물군과 구름 위의 요새라는 암베르드 성채(Amberd fortress) 등이 있다.

에치미아진(Holy Echmiadzin) 대성당은 AD 301~303에 아르메니아 최초의 신부인 성 그레고리(Saint Gregory) 신부가 트르다트 3세 왕의 후원으로 다신교 사원이 있던 자리에 세운 것으로 코카서스에서 제일 먼저 지어진 기독교 건물일 뿐만 아니라 세계에서도 국가 차원에서 가장 먼저 지어진 성당이다. 에치미아진은 '신의 아들'이라는 뜻으로 예수 그리스도가 이곳으로 재림해 오리라는 희

📷 에치미아진 대성당 전경

망을 담은 것이다. 아르메니아 정교회의 본당 성당으로 아르메니아인들의 정신적, 문화적 구심체 역할을 하는 곳이며 순례자들과 관광객이 가장 많이 찾는 곳이다.

📷 에치미아진 대성당 내부

　대성당은 아랍과 몽골, 페르시아 등의 침입을 받으며 수없이 파괴되고 다시 지어지기를 반복했다. 특히 페르시아 사파비 왕조의 샤 압바스 1세는 1604년 아르메니아인들이 다시는 조국에 돌아가려는 꿈을 갖지 못하도록 에치미아진 대성당을 파괴하고 잔해까지 페르시아로까지 옮겼으나 17세기 말 복원되었다. 에치미아진의 성당과 교회들은 파괴되고 약탈당했으나 아르메니아인들의 가슴 속에 남아있는 에치미아진에 대한 사랑과 민족애는 없앨 수가 없었던 것이다.

현재의 건물들은 소련 시절 스탈린 사후 해외의 아르메니아 디아스포라들의 성금으로 재건되었던 것을 아르메니아의 독립 후 2000년대 들어 아르메니아의 기독교화 1700주년에 맞추어 대대적으로 재건한 것이다.

에치미아진 대성당 인근에 있는 즈바르트노츠(Zvartnots) 대성당은 7세기 중반 당시의 수도 드빈(Dvin)이 아랍의 침략을 받기 시작할 무렵에 건립된 대규모의 3층 석조 성당이었으나, 20세기 초 발굴될 때까지 땅속에 묻혀 있었으며, 현재의 유적은 이때의 발굴물들을 복원해 놓은 것이다. 아직까지도 이 대성당이 어떻게 파괴가 되었는지를 밝히지 못했으며 연구가 계속 진행되고 있다.

📷 아라가쯔산을 배경으로한 즈바르트노츠 성당

<호르 비랍(Khor Virap) 수도원과 아라라트(Ararat) 산>

예레반 남쪽으로는 기독교를 국교로 받아들인 아르메니아왕 트르다트 3세(Trdat Ⅲ)가 왕을 기독교로 교화시키려 했던 성 그레고리 신부를 AD 301년까지 13년간 유폐시켰던 지하감옥 위에 세워진 호르 비랍(Khor Virap) 수도원이 있다. 호르 비랍은 '깊은 감옥'을 의미하는 말이다. 트르다트 왕은 다른 신을 섬기지 못하게 하는 그레고리를 죽게 하려고 지하 감옥에 13년이나 가두었으나 죽기는 커녕 건강하게 살아나옴으로써 크게 놀라 기독교의 영험을 믿고 국교로 받아들였다는 것이다.

호르 비랍 수도원은 예레반에서 30km 떨어져 있으며 아르메니아의 상징인 터키 영토 내에 있는 성산 아라라트 산에서 7km 떨어진 평원에 위치해 있어, 아라라트 산이 가장 잘 보이는 곳으로 유명하다.

📷 아라라트산과 호르 비랍 수도원

<짜흐카드조르(Tsaghkadzor)와 케차리스(Kecharis) 수도원>

예레반 북동쪽 50km에 있는 짜흐카드조르는 '꽃의 골짜기'를 의미하는 말로 스파와 겨울 스키를 모두 갖춘 아르메니아에서 가장 인기 있는 휴양지이다. 매리어트 호텔, 카지노, 콘도 등이 들어서 있으며 케차리스(Kecharis) 수도원이 바로 옆에 있다. 케차리스 수도원은 11세기 성 그레고리 신부를 추모하여 세워졌으며, 성 그레고리 교회와 성 느산(St. Nshan) 교회 등 4개의 교회와 부속건물로 이루어져 있다.

📷 짜흐카드조르 케차리스 수도원

📷 케차리스 수도원의 St. Nshan 교회 내부

<세반(Sevan) 호수와 세반나방크(Sevanavank)>

세반 호수는 평균수면이 해발 1,900m에 위치해 있는 산악호수로 전체 면적이 1,240㎢나 되며 평균 수심이 26.8m, 최대수심이 80m나 되는 코카서스에서 가장 큰 호수이다. 아르메니아

📷 세반 호수

의 유일한 대규모 담수호로 식수와 농업용수를 보장하는 생명줄이다. 산악에서 28개의 강물이 호수로 들어오나 빠져나가는 물은 흐라즈단(Hrazdan) 강 하나이다. 원래는 평균 수면이 해발 1,935m였으나 수자원의 효율적 이용을 위해 인위적으로 수면을 낮추고 2003년에는 48.3km에 달하는 터널을 완공하여 물을 아라라트 평원으로 흘려보냄으로써 수심이 35m나 낮아졌다. 물이 깨끗하여 연어과의 송어와 시그가 많이 잡힌다.

호수의 북쪽 끝에 세반나방크(Sevanavank) 수도원이 있다. 방크(vank)는 아르메니아어로 수도원(monastery)을 의미한다. 수도원이 있는 자리는 원래는 섬이었으나 수면이 낮아지면서 호수로 뻗은 반도가 되었다.

수도원은 처음 성 그레고리 신부가 305년 오두막을 짓고 파간(pagan)의 신전 자리에 교회를 세웠었으나 이 교회는 995년 지진에 의해 파괴되고 현재는 874년 마리암(Mariam) 공주의 후원으로 마슈토쯔 예그바르드(Mashtots Yeghvard) 신부가 지은 St. Arakelots(Holy Apostles) 교회와 St. Astvatsatsin(Holy Mother of God) 교회가 남아있다. 몽골 제국과 티무르 제국의 침략 시 파괴되

📷 세반나방크 수도원 전경. St,Arakelots(L)와 St.Astvatsatsin(R) 교회

었던 것을 17세기에 복원하였다.

예레반에서 세반나방크까지는 75km 거리이며 주변은 황량하나 도로(M4)는 왕복 4차선으로 좋은 편이다. 예레반에서 57km 지점에 짜흐카드조르(Tsaghkadzor) 휴양지와 케차리스(Kecharis) 수도원이 있어 함께 구경할 수가 있다.

세반나방크 북쪽에는 하가르찐(Haghartsin) 및 고샤방크(Goshavank) 수도원과 푸쉬킨의 족적이 있는 딜리잔(Dilijan)이 있고, 세반 호숫가를 따라 내려오면 노라투스(Noratus)의 하츠카르(십자가 문양석) 밀집 지역이 있다.

<타테프 수도원(Tatev Monastery)>

 예레반 남동쪽 끝 Syunik 지방(옛 장제주르 지방)에 있는 타테프 수
도원은 타테프 고원에 9세기에 건축된 아르메니아 남부 지역 최고
의 수도원이다. 이 수도원은 11세기에 약 1,000명의 수도승을 수
용하는 등 번성하였으나 1170년 셀주크 투르크의 침입을 받고 수
도원은 파괴되고 10,000여점의 서적과 성경 필사본들은 모두 불
태워졌다. 이후 수도원은 13세기 말 재건되었으며, 아르메니아가
국가를 상실한 14~15세기에는 타테프 대학을 설립하여 중세 아르
메니아의 정체성과 문화를 유지해 오는 데 아주 중요한 역할을 했
다. 티무르와 페르시아의 침략으로 또다시 파괴되었으나 17~18세
기에 다시 재건되었다.

 1921년 아르메니아민주공화국이 볼셰비키의 점령으로 독립을
상실하게 되자 동 수도원에서는 범 장제주르 대회가 개최되어 '산
악아르메니아공화국'의 독립이 선언되기도 하는 등 아르메니아 남

📷 타테프 수도원

부지역의 정치적. 정신적 중심 역할을 해온 곳이다.

2010년에 할리드조르(Halidzor) 마을에서 타테프까지 '타테프의 날개'라고 불리는 케이블카가 오픈되어 접근성이 좋아졌다. 예레반에서 280km 거리에 있다.

<아레니(Areni)와 제르무크(Jermuk) 지역>

예레반 남동쪽으로 타테프와의 사이 바요쯔드조르(Vayotsdzor) 지방에는 자연경관이 뛰어난 제르무크(Jermuk) 광천수 지역, 13세기에 건축된 노라방크(Noravank) 수도원, 아레니(Areni) 원시인 동굴과 아레니 와인공장 등이 있으며, 아레니에서는 와인 축제가 열린다. 예레반에서 120여km 떨어져 있으며 호르 비랍과 연계하여 다녀올 수 있다.

예레반에는 이들 지방 관광지를 권역별로 2~4곳씩 묶어 버스로 단체관광하는 노선들이 많이 개발되어 있다.

보통 왕복 5~6시간 소요되는 가르니(Garni) 사원과 게가르드(Geghard) 수도원 지역, 에치미아진(Holy Echmiadzin) 대성당과 즈바르트노츠(Zvartnots) 수도원 지역, 아라가쯔(Aragats)의 아르메니아 알파벳 기념물군과 암베르드 성채(Amberd fortress) 노선 등은 1인당 8,000~11,000드람이다.

왕복 8~12시간 소요되는 세반 호수와 딜리잔 지역, 제르무크 지역, 굼리 지역 노선 등은 1인당 12,000~14,000드람을 요구하며 점심값은 별도로 지불해야 한다. 3~4인이 여행할 경우 택시를 예약, 대절해 여행하는 것이 시간도 절약되고 비용도 절감된다. 가이드 없이 2~3시간 예레반 시내를 돌아보는데 11,000드람, 4~5시간 에치미아진 지역에 다녀오는데 21,000드람, 7~8시간 동안 핵

📷 제르무크 지역의 자연

심 유적인 호르 비랍, 가르니 신전, 게가르드 수도원을 다녀오는데는 36,000드람을 요구한다. 여러 날이면 소형 택시를 운전기사와 함께 임대(Rent)하는 것이 더 유리할 수 있다. 기아차 리오의 경우 3~4일 빌릴 경우 운전기사(1일 9,000드람) 포함 하루 31,900드람이면 된다. 임대요금은 렌트 회사별로 차이가 없다. 렌트 회사를 이용하지 않고 호텔 리셉션에게 요청해 택시를 대절할 경우 약간 저렴하게 이용할 수가 있다.

📷 아레니 인근 노라방크 수도원

Групповые экскурсии из Еревана
Group tours from Yerevan

до 10.11.2018
till

Каждый день / Every day

Пеший тур по Еревану
Walking tour in Yerevan city

БЕСПЛАТНО
FREE OF CHARGE

1 ч./hrs
19:00

Пн Mon | Ср Wed | Пт Fri

Эчмиадзин (Св. Рипсиме, Св. Гаянэ, Кафедральный Собор, музей-сокровищница), Звартноц

Echmiadzin (St. Hripsime, St. Gayane, Mother Cathedral, Treasury Museum), Zvartnots

8.000 AMD

5 ч./hrs
10:00 (?) TICKETS

Ср Wed

Ованаванк, Сагмосаванк, памятник Армянского Алфавита, Амберд, Винный завод "Прошян" *(дегустация вин)*

Hovhannavank, Saghmosavank, Armenian Alphabet monument, Amberd fortress, "Proshyan" Wine factory *(wine tasting)*

8.000 AMD

6 ч./hrs
10:00

Вт Tue | Чт Thu | Сб Sat

Гарни, Гегард, приготовление и дегустация национального хлеба "Лаваш"

Garni, Geghard, national bread "Lavash" baking and tasting

9.000 AMD

6 ч./hrs
10:00 TICKETS

Вт Tue

Экскурсия по Еревану: Эребуни, музей С. Параджанова, Цицернакаберд, Коньячный завод "Арарат" *(экскурсия и дегустация легендарного коньяка)*

Yerevan City Tour: Erebuni, S. Parajanov museum, Tsitsernakaberd, "Ararat" Brandy Factory *(tour and legendary armenian brandy tasting)*

11.000 AMD

6 ч./hrs
10:00 TICKETS

Чт Thu | Пт Fri

Озеро Севан (Севанаванк), Норатус, Цахкадзор (Кечарис), *традиционный обед*

Lake Sevan (Sevanavank), Noratus, Tsaghkadzor (Kecharis), *traditional lunch*

12.000 AMD

8 ч./hrs
09:00

Вт Tue | Пт Fri | Вс Sun

Хор Вирап, Пещера Арени, Нораванк, винный завод Арени *(экскурсия и дегустация вин), традиционный обед*

Khor Virap, Areni Cave, Noravank, Areni wine factory *(tour and wine tasting), traditional lunch*

12.000 AMD

9 ч./hrs
09:00 TICKETS

Пн Mon | Чт Thu | Сб Sat

Дилижан (Агарцин, Гошаванк), Озеро Севан (Севанаванк), *традиционный обед*

Dilijan (Haghartsin, Goshavank), Lake Sevan (Sevanavank), *traditional lunch*

13.000 AMD

09:00

Вс Sun

Гюмри (пеший тур, Дзитохцян музей), Мармашен, *традиционный обед*

Gyumri (walking tour, Dzitoghtsyan Museum), Marmashen, *traditional lunch*

13.000 AMD

10 ч./hrs
09:00 TICKETS

Пн Mon

Ахпат, Санаин, Одзун, мастер-класс по приготовлению армянского "Шашлыка", *традиционный обед*

Haghpat, Sanahin, Odzun, master-class of making armenian traditional "Barbeque", *traditional lunch*

14.000 AMD

12 ч./hrs
08:00

Вс Sun

Озеро Севан, Айраванк, Норатус, Селимский перевал, Джермук (минеральные воды, водопад), винный завод Арени *(экскурсия и дегустация вин), традиционный обед*

Lake Sevan, Hayravank, Noratus, Selim pass, Jermuk (mineral waters, waterfall), Areni wine factory *(tour and wine tasting), traditional lunch*

15.000 AMD

12 ч./hrs
08:00

Ср Wed | Сб Sat

Татев (канатная дорога "Крылья Татева", монастырь), Караундж, водопад Шаки, винный завод Арени *(экскурсия и дегустация вин), традиционный обед*

Tatev ("Wings of Tatev" ropeway, monastery), Karahunj, Shaki waterfall, Areni wine factory *(tour and wine tasting), traditional lunch*

19.000 AMD

14 ч./hrs
08:00 TICKETS

Пт Fri

Арцах - 1-ый день: оз. Севан, Дадиванк, Гандзасар, Степанакерт (ночевка в отеле) 2-ой день: Шуши (кафедральный собор Казанчецоц), Хндзореск, Татев (канатная дорога "Крылья Татева", монастырь), винный завод Арени *(экскурсия и дегустация вин)*

Artsakh - 1st day: Lake Sevan, Dadivank, Gandzasar, Stepanakert (overnight in hotel) 2nd day: Shushi (Ghazanchetsots Cathedral), Khndzoresk, Tatev ("Wings of Tatev" ropeway, monastery), Areni wine factory *(tour and wine tasting)*

58.000 AMD

Арцах: 2-х разовое питание
Artsakh: 2 meals a day

2дня/1ночь 2days/1 night 08:00

Место встречи - офис Ерани Травел (Бесплатная пешая экскурсия начинается с Площади Республики)

Starting point: Yerani Travel office (Free Walking Tour starts from the Republic Square)

В стоимость включены:
• Встреча у вашей гостиницы в центре города
• Комфортабельный транспорт с Wi-Fi
• Услуги профессионального гида (русский, английский)
• Все входные билеты
• Местные сладости и вода
  Традиционный обед (если указано)

Prices include:
• Pick up at your hotel in the city center
• Comfortable vehicles with Wi-Fi
• Professional guide service (Russian, English)
• All entrance tickets
• Local sweets and bottled water
  Traditional lunch (if mentioned)

아르메니아 관광회사의 투어상품 견본

제5장

아제르바이잔

✾✽✾

아제르바이잔 지도

1. 아제르바이잔 개황

아제르바이잔은 '불의 나라'로 불린 다. 같은 남코카서스 국가이기는 하지 만 지형과 역사, 민족, 종교 등 여러 면 에서 조지아나 아르메니아와는 다른 특색을 지니고 있다.

아제르바이잔 국기

아제르바이잔은 아시아와 유럽을 연결하는 남코카서스 3국 중에서 가 장 큰 나라이다. 북쪽으로는 대코카 서스 산맥을 경계로 러시아와 390km 의 국경을 접하고 있고, 북서쪽으로

아제르바이잔 국장

는 조지아와 480km, 서쪽으로는 아르메니아와 1,007km(나히치반

국경 포함), 남쪽으로는 이란과 765km, 남서쪽으로는 터키와 11km 의 짧은 국경을 접하고 있다. 또한 동쪽으로는 카스피해 서안을 끼고 있는데 해안선 길이만 713km에 이른다.

그러나 구소련으로부터 독립 직후 아제르바이잔 내 아르메니아 인 집단 거주지인 나고르노-카라바흐(Nagorno-Karabakh) 지역을 둘러싸고 1992년 아르메니아와 전쟁을 치른 후 현재도 나고르노- 카라바흐와 주변 7개 구(district) 지역(아제르바이잔 영토의 13.2%)을 아 르메니아가 점령[1]하고 있어 이의 회복이 최대의 정치 현안이다.

또한 아제르바이잔에는 남동쪽에 본토와 유리된 지역인 나히치 반 자치공화국(Nakhchivan Autonomous Republic)이 있다. 나히치반

---

1) 아르메니아인들은 1994년 이후 실효 지배하고 있는 나고르노-카라바흐와 주변의 점령지역에 아르짜흐 공화국(Republic of Artsakh)이라는 준독립국을 만들어 그 지역 을 아르메니아의 영토로 편입시키려 하고 있다.

자치공화국이 분리된 연유는 소수민족이 사는 지역이기 때문이 아니라, 1918년 양국이 1차 독립을 선언한 직후 양측 민병대 간 본격적인 영토 다툼을 벌여 나히치반은 아제르인들이 장악하고 아제르바이잔 본토와 나히치반 사이의 장제주르(Zangezur)[2] 지역은 아르메니아 측이 장악함으로써 1920년 그 지역을 장악한 소비에트 정권이 장제주르 지역을 아르메니아 소비에트 사회주의 공화국 관할로 국경을 정했기 때문이다.

1991년 8월 독립한 후 1992년 민족주의자인 엘치베이가 대통령에 당선되었으나 나고르노-카라바흐 전쟁에서의 패배로 물러나고 1993년부터 구소련 정치국원을 지낸 헤이다르 알리예프가 대통령에 추대되어 정국을 안정시키고 경제발전의 기틀을 마련하였다.

ⓒ 헤이다르 알리예프

헤이다르 알리예프는 친서방-개방노선으로 서방 자본을 적극 유치하여 전쟁 후 황폐화된 경제를 재건하였으며 2003년 10월 아들인 현 대통령 일함 알리예프에게 권력을 승계한 후 사망하였다. 일함 알리예프 대통령은 아버지의 정책을 이어받아 바쿠-트빌리시-터키 세이한에 이르는 송유관을 개통하는 등 친서방 기조를 유지하면서 대

ⓒ 일함 알리예프 대통령

통령 연임 규정 제한을 철폐하여 현재까지 집권해 오고 있다.

---

2) 장제주르(Zangezur)는 장가주르(Zangazur)로 불리기도 한다.

2017년 경제지표는 구매력 기준 GDP는 1,722억$이며, 1인당 GDP는 17,500$이다. 주요산업은 여전히 에너지와 관광으로, 원유의 확인매장량만도 70억 배럴이며, 추정매장량이 원유 390억 배럴, 천연가스도 2조 6천억㎥에 달하고 있고 카스피해 해상유전이 본격 개발되고 있어 성장 잠재력이 큰 편이다.

2. 자연과 지리 및 기후

아제르바이잔 영토의 북쪽으로는 대코카서스 산맥이 동남쪽 방향으로 카스피해를 향해 뻗어나가다가 세를 약화시키고 있고, 남서쪽으로는 소코카서스 산맥이 카스피해를 향해 뻗어 나오다가 평원을 이룬다. 따라서 아제르바이잔 영토는 북쪽과 남쪽으로 코카서스의 산악지역과 그 사이의 평원 및 카스피 저지대로 구성되어 있다.

🄾기내에서 내려다본 코카서스 아제르바이잔(2018.10.27)

 아제르바이잔의 봄 들판   산악지역에서 풀을 뜯는 양떼

　가장 높은 산은 대코카서스 산맥에 위치한 바자르두주 (Bazarduzu) 봉으로 해발 높이가 4,466m에 이른다. 국토의 중앙부는 쿠라-아라즈(Kura-Araz) 저지대, 동남부는 렌코란(Lenkoran) 저지대 이다. 바타바트(Batabat), 마랄골(Maralgol), 고이골(Goygol) 등 도처에 아름다운 호수들이 있다. 봄에서 여름이면 갖가지 꽃과 풀들이 들판과 산기슭을 아름답게 수놓는다.

　아제르바이잔 또한 광천수가 풍부한데 조지아에 '보르조미'가 있고 아르메니아에 '제르무크'가 있듯이 아제르바이잔에는 '바담리 (Badamly)'와 '시랍(Sirab)'이라는 광천수가 매우 유명하다.

 아제르 생수

　바담리와 시랍 생수 모두 나히치반 지역에서 생산되며 탄산수와 가스가 없는 일반수가 있으므로 취향에 따라 선택 구입하여 마실 수 있다.

　좋은 생수는 여행 중 야기될 수 있는 물로 인한 부작용을 예방해 주는데 좋은 생수를 쉽게 구할 수 있다는 것은 행복이다.

　아제르바이잔은 다양한 지형만큼이나 기후대도 다양해 지구상

📷바쿠가 위치한 압셰론 반도의 황량한 모습

의 11개 기후대 중에 9개의 기후대가 존재할 정도로 지역마다 기후가 다르다. 대체적으로는 온대와 아열대가 만나는 지역이다.

산악지역을 제외하면 날씨는 여름은 무척 덥고 햇볕이 매우 강하게 내리 쬔다. 선글라스는 필수이며, 농도가 낮은 선글라스는 10월에도 눈이 부실 정도이다.

바쿠의 위도는 40° 23′으로 서울보다 높으나, 반건조 기후로 여름이 매우 덥고 건조하다. 7~8월 최고기온은 평균 30℃를 넘으며 비는 연간 200mm 미만으로 여름에는 거의 내리지 않는다. 1월 평균기온은 3℃~10℃로 변화가 심하며, 가끔씩 눈발이 날린다. 그러나 바쿠는 바람의 도시이다. 강한 바람으로 인해 더 춥게 느껴진다. 그다지 덥지 않고 맑은 날이 지속되는 4월~6월 초순과 9월~10월이 여행에 가장 좋은 계절이며 날씨도 가장 좋다.

3. 민족과 언어

오늘날의 아제르바이잔인(Azerbaijani) 혹은 아제르인(Azeri)은 아제르바이잔 공화국과 이란 북부에 살고 있는 투르크인들을 의미한다. 이 지역에는 고대 여러 부족들이 흥망성쇠를 거듭했지만 BC 4세기 마케도니아 알렉산더 대왕의 침입 이후에는 아트로파트(Atropat) 왕국과 코카서스 알바니아(Caucasian Albania) 왕국이 이 지역을 지배했다. 이 두 왕국의 후예들이 원 아제르바이잔인이라고 말해진다. 11세기 셀주크 투르크의 오구즈족들이 중앙아시아에서 아제르바이잔으로 대규모로 이주하면서 전에 이 지역에 살고 있던 원주민들과 혼합되어 투르크어를 쓰는 오늘날의 아제르바이잔 민족이 형성되었다. 아제르인들은 과거 스스로를 단순히 무슬림인 혹은 투르크인, 페르시아인이라 칭했고, 타민족도 이들

🖸 아제르바이잔 전통의상을 입은 남녀들

을 코카서스 타타르인, 코카서스 무슬림, 코카서스 투르크인 이라고 부를 정도로 민족적 정체성이 강하지 않았다.

◎바쿠 번화가의 여인들

오늘날 아제르바이잔인들은 자신들이 터키와 한 민족이라고 간주하고 있으며, 스스로 아제르바이잔과 터키는 1민족 2국가라고 말한다. 그러나 투르크계 민족이지만 아제르바이잔인들은 과거 페르시아의 지배를 많이 받아왔다. 9세기 이후에는 아제르바이잔 남부에서 발원한 사만 왕조(874~999)나 사파비(Safavid) 왕조(1501~1736) 등 이란계 왕조의 지배를 많이 받아 지금도 이란 북부 지역에는 약 2,500만 명의 아제르바이잔인들이 살고 있다.

오늘날 아제르바이잔 인구의 91.6%가 아제르바이잔인이지만 이렇게 민족 동질성이 높아지기까지에는 이 지역에 함께 거주하던 타민족, 특히 아르메니아인과의 피비린내 나는 싸움의 결과이다. 볼셰비키 혁명의 와중에서 1918년 3월 바쿠를 차지하려는 볼셰비키 적군과 아르메니아 민병대(Dashnaks)는 저항하는 아제르바이잔인들을 무차별 살육했고, 새로 독립을 선언한 아제르바이잔 민주공화국 정부는 터키 군대의 도움을 받아 1918년 9월 바쿠를 재점령하고 바쿠에 거주하던 아르메니아인 1만~3만 명을 학살했다. 아제르바이잔인과 아르메니아인 양측 간의 나히치반, 장제주르에서의 피비린내 나는 싸움에 이어 바쿠에서의 이러한 증오가 1991년 독립 후 나고르노-카라바흐 전쟁으로 분출된 것이다.

A a	B b	C c	Ç ç	D d	E e	Ə ə	F f	G g	Ğ ğ	H h
a	be	ce	çe	de	e	ə	fe	ge	ğe	he
[ɑ]	[b]	[ʤ]	[ʧ]	[d]	[e]	[æ]	[f]	[gʲ]	[ɣ]	[h]

X x	I ı	İ i	J j	K k	Q q	L l	M m	N n	O o	Ö ö
xe	ı	i	je	ke/ka	qe	el	em	en	o	ö
[x]	[ɯ]	[ɪ]	[ʒ]	[c/ç/k]	[g]	[l]	[m]	[n]	[ɔ]	[œ]

P p	R r	S s	Ş ş	T t	U u	Ü ü	V v	Y y	Z z
pe	er	se	şe	te	u	ü	ve	ye	ze
[p]	[r]	[s]	[ʃ]	[t]	[u]	[y]	[v]	[j]	[z]

현재 사용 중인 아제르바이잔 라틴 알파벳과 명칭 및 발음

아제르바이잔에는 러시아인, 아르메니아인 외에도 소수민족으로 레즈기안인, 탈리쉬인, 타트인, 쿠르드인 등이 있다.

언어에서도 아제르바이잔어는 투르크어족에 속한다. 이는 아제르바이잔어가 11세기 셀주크 투르크의 오구즈족 언어에서 비롯되었기 때문이다. 따라서 터키어와는 거의 같아 두 언어 사이에는 사전이 없고 방언집만이 있다.

조지아 및 아르메니아와 달리 아제르바이잔어를 위한 독자적인 문자는 없으며 자신들의 언어를 아랍문자와 키릴(러시아)문자, 라틴문자를 차용해 사용해 왔다. 이란의 지배 하 아랍문자를 쓰다가 러시아 지배 하에서는 초기에는 라틴, 1939년 이후에는 키릴문자를 사용했으며, 독립 이후 1992년부터는 라틴문자를 사용하고 있다. 현재는 터키어에 없는 3개의 문자를 빼고는 터키와 알파벳이 같다. 아랍문자는 이란내 거주하는 아제르바이잔인들이 여전히 사용하고 있다.

오늘날 아제르바이잔인들은 아제르어 이외에도 장년층 이상에서는 모두 러시아어를 유창하게 구사하며, 젊은 층에서는 러시아

어보다 영어를 더 잘 구사한다. 호텔이나 바, 상점, 공항 등에서는 영어로 의사소통이 가능하다.

4. 종교와 문화

아제르바이잔은 기독교 국가인 조지아나 아르메니아와 달리 이슬람 국가이다. 따라서 문화적 특성이 조지아나 아르메니아와는 매우 다르다.

이슬람이 유입되기 전에는 불을 숭배하는 조로아스터교를 숭배했다. 원시사회에서 불은 매우 신성하고 귀중한 존재였으며 이 지역이 유전지대라 고대부터 자연적인 불이 많이 솟아났기 때문이라 여겨진다. 지금도 바쿠 교외의 야나르닥(Yanar Dag)에는 땅에서 자연적으로 분출되는 불길이 있으며, 아테슈가(Ateshgah)에는 조로아스터 신전이 잘 보존되어 있다.

이슬람은 7세기 아랍이 이 지역을 침략하면서 유입되어 이후 셀주크 투르크 시기에 크게 확산되었다. 초기에는 수니파를 신봉했으나, 16세기 이후 시아파 이란 사파비 왕조 지배의 영향으로 시아파로 개종한 사람이 훨씬 더 많다.

📷 아테슈가 불의 사원

종교를 부정했던 구소련의 공산주의 체제를 거치면서 이슬람 율법의 준수는 거의 무시되어 왔다가, 1991년 독립 이후 국민통합의 수단으로서 이슬람 사원이 복원되고 이슬람식 생활양식이 조금씩 부활되고 있다. 13세기의 역사적인 비비-헤이바트 모스크(Bibi-

📷 아테슈가에 있는 불 숭배의식 모형

📷 바쿠 나시미 전철역 근처의 헤이다르 모스크

📷 나우루즈 축제에서 전통 음식을 들고 춤추는 남녀

📷 나우루즈 축제에 점화하는 일함 알리예프 대통령

Heybat Mosque)가 1997년 복원되었고, 2014년 전 대통령을 기념하는 헤이다르 모스크(Heydar Mosque)가 나시미(Nasimi) 전철역 인근에 완공되었다.

그러나 아직까지는 아제르바이잔인들이 종교 율법에 얽매이지 않는 등 매우 세속적이다. 헌법도 종교의 자유를 인정하고 있다. 이슬람 국가이면서도 상점에서 알코올 음료를 사고파는데 아무

런 제약이 없으며 모든 레스토랑과 바에서 술을 팔 정도로 술은 보편화되어 있고, 돼지고기를 먹는 사람들도 많다.

아제르바이잔인들은 춤과 노래를 즐기며 연중 가장 큰 축제는 이슬람 사회의 새해맞이 겸 봄맞이 축제인 나우루즈(Nowruz) 축제이다. 새해의 풍년을 기원하는 축제이다. 아제르바이잔에서는 나우루즈 축제기간 5일이 공식 휴일이며 3월 춘분이 있는 주 내내 축제를 벌인다. 지역마다 거리에서 각종 전통놀이와 춤을 추고, 나우루즈를 위한 특별한 음식을 준비하며, 가정에서는 가족연회가 진행된다. 특별음식은 커다란 쟁반 가운데에 밀 등 곡식의 새싹을 틔어 가운데 놓고 주변을 각종 빵과 과일, 견과류로 장식하는 것이다.

인형극도 매우 발달해 있다. 인형극 전용의 국립 아제르바이잔 인형극장(Azerbaijan State Puppet Theatre)이 있는가 하면 인형박물관, 인형 갤러리(Kukla Art Gallery)도 있다.

또한 바쿠 시내에는 도시의 크기에 비해 수많은 콘서트홀과 극장, 미술관 등이 있어 이들의 예술에 대한 사랑과 감수성이 매우 뛰어남을 알 수 있다. 전통 음악과 춤도 매우 발달해 있는데 우

 각종 인형 캐릭터들

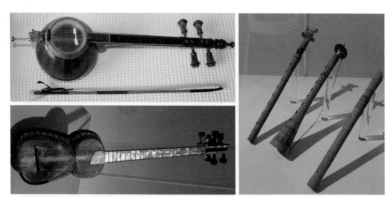
📷 아제르 무감악을 구성하는 3대 전통 악기 카만차(위)와 타르(하) 및 피리 발라반(우)

리의 창과 비슷한 아제르바이잔의 전통음악인 무감(Mugam)은 UNESCO의 무형문화재로 등재되어 있을 정도이다. 무감은 시적인 노래와 전통악기 연주가 혼합된 독특한 스타일의 음악으로 아제르바이잔인들의 정서를 대변하는 음악이다. 춤으로는 쉬르반샤의 옛 수도였던 샤마히 지방의 전통댄스가 매우 유명하다.

20세기의 최고 첼리스트로 추앙받는 므스티슬라브 로스트로포비치(Mstislav Rostropovich)도 바쿠 출신이다. 이러한 연유로 매년 봄 바쿠에서 로스트로포비치 페스티발이 열린다.

📷 1978년 백악관에서 첼로를
연주하는 로스트로포비치

📷 첼로를 닮은 아제르
전통악기 오우드(Lute)

이러한 아제르바이잔의 풍성한 예술적 자산이 2012년 Euro vision Song Contest를 개최하도록 만들고 바쿠를 밤 문화를 즐길 수 있는 10대 관광지 중 하나로 꼽히도록 하는 원동력이 되었다고 볼 수 있다.

5. 사회와 국민성 및 치안상태

아제르바이잔 사람들은 순박하면서도 활달하고 매우 친절하다. 일부 택시 운전기사들이 바가지를 씌우기도 하나 이는 어느 나라에나 있는 현상이다. 현지인들에게 특정한 장소나 지하철역 등을 물으면 매우 친절하게 가르쳐 줄 뿐만 아니라 안내해 주기까지 한다.

필자가 현지 실정을 몰라 교통카드를 사지 않고 버스를 탄 적이 있었는데, 현금을 안 받고 카드로 지불하라 하여 카드가 없다고 하니 함께 타고 있던 사람이 자신의 카드로 지불해 준 경험이 있다. 어느 여학생은 물론 지하철을 타려던 학생이었지만 지하철역에서 교통카드 구입을 도와주고 환승하는 역까지 함께 타고 가 환승 장소를 알려주곤 자신의 길을 갔다.

아제르바이잔의 경제적 사정이 나아지면서 사람들의 심성도 본성을 찾아가는 것 같다. 아직까지 바쿠의 일반 직장인들은 보통 월 350-400마나트를 받고 있으나, 고급 상점에서는 셔츠 한 벌 값이 일반인 월급 수준으로 빈부격차가 심하다. 그래도 치안은 매우 좋은 상황이며, 밤늦게 다녀도 불안을 느끼지 않을 정도로 치안상태가 양호하다.

<한국대사관과 비상시 긴급 연락처>

아제르바이잔에는 바쿠에 한국 대사관이 개설되어 있다. 시 중심부에서 조금 떨어진 헤이다르 알리예프 거리에 있다. Europe Hotel 바로 앞에 있다.

바쿠 한국 대사관 주소 : H. Aliyev street, cross1, house12, Baku, Azerbaijan

전화 : (+994 12) 596 7901~7903

아제르바이잔 여행 중 비상상황 발생 시 활용할 수 있는 전화번호는 다음과 같다. 비상전화 : 112번, 바쿠 경찰 : 102번, 앰불런스 : 103번 등이다.

📷 바쿠 대한민국대사관 외부 전경

6. 통화와 환율 및 물가

아제르바이잔의 통화는 마나트(Manat)이며, 공식적으로 AZN(Azerbaijan Manat)으로 표기한다. 화폐기호는 ₼이며, 때로는 단순히 m으로 표시하기도 한다.

아제르바이잔의 지폐는 1, 5, 10, 20, 50, 100, 200마나트 지폐가 있으며, 동전은 1, 3, 5, 10, 20, 50갸픽(qapik) 동전이 있고 1manat = 100qapiks이다.

아제르바이잔의 모든 지폐와 동전의 후면에는 새가 날아가는 모습의 아제르바이잔 지도를 도안해 넣었는데, 이는 아르메니아에 빼앗긴 나고르노-카라바흐 지역의 땅이 아제르바이잔 영토임을 국민들과 국제사회에 각인시키려는 노력의 일환으로 보인다.

환율은 변동환율제를 채택하고 있어 시장상황에 따라 매일 조금씩 변화하나 대체로 1$=1.66manat 정도이다. 은행, 환전소, 공항, 대형 쇼핑몰과 호텔에서는 상시 환전이 가능하나, 시내에 환전소가 많지 않고, 주말에는 몇몇 환전소에서만 문을 열어 주말을 끼고 여행할 경우 사전에 넉넉히 환전을 해 놓는 것이 좋다.

물가는 대체적으로 생필품은 우리보다 싸나, 번화가 식당에서

📷 아제르바이잔 동전(Яндекс.Картинки> currency of azerbaijan)

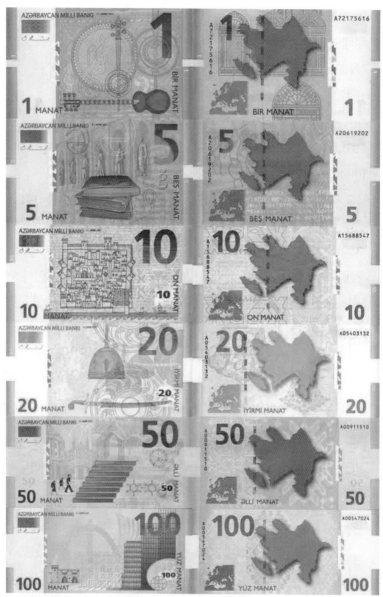

🎞️ 아제르바이잔 지폐(Яндекс.Картинки> currency of azerbaijan)

의 음식 값은 우리와 크게 차이가
나지 않는다. 번화가의 음식 값은
카페에서는 1인당 10마나트, 레스
토랑에서는 20마나트, 햄버거는
빅맥이 3.95, 빅맥 세트는 7.95마
나트 정도이다.

생수 0.5리터는 0.67마나트, 우
유 1리터 1.2마나트, 맥주 0.5리터

⚫️📷 주말에도 여는 보행자 거리의 환전소

1.8마나트, 와인 0.75리터 1병 7.72마나트, 사과 1kg 1.25마나트,
바나나 1kg 1.85마나트이다. 1마나트는 우리 돈으로 약 740원 정
도이다. 버스나 지하철은 1회 탑승 시 0.3마나트(30갸픽)이다.

재래식 시장에 가면 과일과 견과류 등을 싸게 살 수 있는데 바
쿠에는 나시미구 사메드 부르군 거리(73, Samed Vurgun str.)에 있는
타자 바자르(Taza Bazar)와 하타이 거리(Khatai ave.)에 있는 야실 바
자르(Yasil Bazar)가 유명하다.

⚫️📷 바쿠 맥도날드의 햄버거 세트 가격표

📷 바쿠의 야실 바자르(시장) 모습

7. 수도 바쿠 들여다보기

1) 도시 개황

아제르바이잔의 수도 바쿠는 새 부리가 카스피해를 찌르고 들어간 것과 같은 지형의 압셰론(Absheron) 반도에 있는 카스피해 항구도시로 2000년 이상의 역사를 가지고 있다. 지리적으로 바쿠는 해수면 보다 28m 낮은 위치에 있다.

바쿠는 14세기 초까지 인구가 5,000여 명에 불과하여 트빌리시나 예레반 보다 훨씬 작은 도시였으나 15세기 후반 모스크바 공국과의 교류가 본격화되면서 교역의 중심지로 부상하기 시작했다. 하지만 19세기 초반까지도 바쿠의 인구는 8,000여 명에 불과했다. 이후 19세기 말에서 20세기 초 바쿠 지역에서 석유가 본격적으로 개발되면서 남코카서스 지역에서 가장 중요한 지역으로 떠올랐다. 1846년 처음 시추를 시작한 이래 제정 러시아는 1872년 유전을 외국 투자자들에게 경매했고 바쿠 근처에 대규모 석유산업 벨트가 생겨나면서 석유 색을 빗댄 소위 블랙 시티(Black City)가 형성되었다. 처음 진출한 사람들 중에는 노벨상을 제정한 알프레드 노벨 형제와 로스차일드 가족이 포함되었다. 이러한 연유로 바쿠 카스피해 연안에는 '노벨 거리(Nobel Avenue)'가 있다.

이 시기 유럽에서 공산주의 혁명의 바람이 휩쓸면서 바쿠는 코카서스 지역 내에서는 물론 제정러시아 남부지역 내 혁명운동의 중심지가 되었다. 이는 당시에 코카서스 지역 내 많은 젊은이들이 일자리를 찾아 바쿠로 몰려들어 1903년에 벌써 20만 명 이상의 노동자가 바쿠에서 일하고 있었기 때문이다. 20세기 초에 국제시장에서 거래되는 원유의 절반은 바쿠산이었으며, 2차 세계대전 직전

📷 노벨상 메달

📷 19세기말 바쿠의 노벨 유전

바쿠는 소련 석유생산의 70% 가까이를 생산하고 있었다. 독일의 히틀러가 소련을 침공하며 바쿠를 노렸던 것도 이 때문이었다.

이후 육상 석유자원이 고갈되고 시베리아 유전이 개발되면서 바쿠의 중요성은 점차 줄어들었으나, 바쿠의 석유산업이 다시 활성화된 것은 1991년 소연방이 붕괴되고 아제르바이잔이 독립하고 나서부터 이다. 더욱이 카스피해에서 대규모 해저유전이 발견됨에 따라 바쿠의 중요성은 다시 커졌다.

미국 등 서방은 카스피해 석유에 대한 러시아의 영향력을 약화시키고 자신들의 통제권을 강화하기 위해 2006년 바쿠에서 조지아 트빌리시를 거쳐 터키의 지중해 연안 세이한에 이르는 BTC 석

📷 업랜드에서 내려다 본 바쿠 전경(2018.10.28. LG G6 mobile phone으로 촬영)

📷 오늘날 바쿠 교외의 석유채굴 풍경　　　📷 카스피해로 확장되는 유전(2018년)

유 파이프라인을 건설하여 운영하고 있다. 바쿠에서는 시내를 조금만 벗어나도 수많은 시추시설들을 볼 수 있다.

　석유 수입으로 인해 오늘날 바쿠시는 트빌리시나 예레반 보다는 훨씬 빠르게 현대화 되었다. 코카서스 지역에서 가장 큰 도시이며 아제르바이잔 인구의 1/4이 이곳에 산다. 바쿠시와 카스피해 사이에는 독립 후 소련 시대의 건물들을 헐어내고 그린벨트 공원을 조성하여 반사막의 땅에 세워진 도시의 품격을 더해준다.

　바쿠의 심장부는 이체리쉐헤르(Icherisheher)로 불리는 중세의 요새였던 Old city와 그 주변이다. 이 올드시티는 수 세기 동안 쉬르반 왕국의 제2수도였으며, 올드시티 안에 쉬르반샤 궁전이 남아있다. 1191년 쉬르반의 수도 샤마히(Shamakhi)에서의 대지진으로 도시가 파괴되자 쉬르반샤는 수도를 임시로 바쿠로 옮겼다. 이때부터 바쿠는 요새화되기 시작하여 오늘날의 올드시티가 건설되었다. 그러나 1501년 이란의 사파비 왕조 이스마일1세가 쉬르반 지역을 장악하면서 처음에는 쉬르반샤의 통치권을 인정했으나, 그의 후계자에 의해 쉬르반샤는 폐위되고 이란의 직할령이 되었다. 사파비 왕조의 몰락 후 바쿠 한국(Baku Khanate)이 일시적으로 존재했으나, 18세기 말부터 바쿠와 남코카서스 지역은 강성해진 러시아와 이란 사이의 각축장이 되었고 굴리스탄 조약(Treaty of

Gulistan,1813)과 투르크멘차이 조약(Treaty of Turkmenchay, 1828)에 의해 바쿠는 완전히 러시아의 영토가 되었다.

아래 사진 중앙에서 10시 방향에 보이는 올드시티를 둘러싸고 바쿠의 신시가지가 형성되어 있다. 도시는 카스피해 연안을 따라 발전하여 뒤로 확산되었다. 특히 올드시티 오른쪽의 카스피해 연안 사힐(Sahil) 지하철역 주변이 최고 번화 지역이다.

바쿠도 트빌리시나 예레반처럼 독립 직후부터 2000년까지는 도시정비가 제대로 되어 있지 않고 아르메니아와의 전쟁 여파로 피난민이 엄청 많았으나, 오늘날에는 트빌리시나 예레반 보다 훨씬 정비가 잘되고 발전하여 유럽의 어느 도시 못지않게 화려하고 깨끗한 도시로 탈바꿈하였다. 바쿠 시내에서 F-1 Formula를

📷 트빌리시행 기내에서 내려다 본 바쿠 조감도(2018.10.30. LG G6 phone으로 촬영)

개최하고 Ferrari 매장에서부터 세계적 최고급 유명 브랜드 매점들이 거리를 메우고 있다.

카스피해 해변과 카스피해가 내려다보이는 언덕 지역에는 고급 아파트와 빌라들이 밀집되어 있다.

우리의 명동같은 도심지역은 올드시티 오른쪽으로 카스피해 연안과 시 중심부를 가르는 네프트칠라 대로(Neftchilar ave.) 안쪽의 메이다니(Meydani) 공원과 몰로칸 가든즈(Molokan Gardens) 공원 사이의 지역이다. 메이다니 공원 앞 분수광장(Fountains square) 거리는 보행자 전용지역으로 되어있어 먹거리, 즐길 거리가 집중되어 있다. 저녁이면 수많은 관광인파가 거리를 꽉 메운다. 메이다니 공원은 분수공원(Fountain Park)이라고도 한다. Lonely Planet의 평가에 따르면 오늘날 바쿠는 밤 문화를 즐길 수 있는 세계 10대 도시 명소 중 하나이며 '동양의 파리'로 불린다.

2) 숙박

바쿠에는 쉐라톤, 힐튼, 매리어트, 하야트 등 세계적 체인의 고급 호텔들이 많이 들어서 있고, 현지 고급 호텔은 물론 3성, 4성급 호텔과 저렴한 호스텔 등도 많아 여건에 맞게 선택해서 숙박할 수 있다.

시 중심부에서 멀면 값은 저렴하지만 편리한 시내 관광을 위해서는 올드시티 지역과 사힐 지역에 숙소를 정하는 것이 좋다. 몰로칸 가든즈 공원 주변에는 구소련 시대의 건물들을 개조하여 운영하는 미니 호텔들이 많아 이 근처에 숙소를 정하면 바로 보행자 거리로 나와 관광할 수 있는 이점이 있다.

바쿠의 3-4성급 호텔은 2인실 하루 평균 50~70마나트, 다인실

📷 바쿠 보행자거리의 낮 풍경

📷 보행자거리 야경

호스텔은 10~15마나트 정도 이다.

◉말라칸 호텔 입구

몰로칸 가든즈(Molokan Gardens) 공원 바로 옆 보행자 거리에도 Malakhan Hotel, SQUARE INN 등의 소형 호텔들이 있다. 이 지역은 다운 타운 지역이라 2인 1박에 80-100마나트 정도 이다. 구소련 시의 건물을 미니호텔로 개조 한 것으로 엘리베이터는 매우

📍 몰로칸 가든즈와 올드시티내 숙소

• Malakhan Hotel   주소 : Nigar Refibeyli 49
                        전화 : +994 50 555 2503, +994 12 498 2502
                        email : malakhanhotel@gmail.com

• SQUARE INN   주소 : Khaghani 1
                        전화 : +994 50 700 3900
                        email : info@squareinn.az

• Old Castle Hotel   주소 : Asef Zeynalli 51/4 str., Old City
                        전화 : +994 12 492 0977
                        email : oldcastleboutiquehotel@outlook.com

• Ruma Old Gates Hotel   주소 : Kichik Qula street 8/1, Baku
                        전화 : +994 12 505 5380
                        email : info@oldgates.az

좁고 낡았으나, 룸 내부는 넓고 높은 천장에 소파와 테이블도 놓여있는 등 불편함이 없었다. 호텔 입구가 좀 낡아 마음이 쉽게 가지 않았으나 무엇보다 호텔에서 나가면 바로 사람들이 붐비는 식당가와 쇼핑가이고 올드시티, 카스피해, 역사박물관 등 유적과 명소들이 가까운 곳에 밀집해 있어 차를 이용하지 않아도 되고 피곤하면 들어와 쉬다가 나갈 수 있는 장점이 있다.

올드시티 내에도 숙박시설이 많으나 몰로칸 가든즈 공원 주변이 숙소로는 더 편리하다. 위의 박스는 바쿠 중심부의 소형 호텔 몇 군데를 소개한 것이다.

3) 교통

바쿠 시내에서의 교통수단으로는 지하철, 버스, 택시가 있다. 지하철은 2개 노선에 25개 역이 있으며, 아침 6시부터 밤 12시까지 운행한다.

ⓘ 바쿠 택시

시내버스나 지하철 모두 1회 탑승에 0.3마나트(30갸픽)이다. 시내버스나 지하철, 공항버스 등 바쿠의 교통수단은 모두 동전 등 현금이 아니라 교통카드인 Baki Card를 사용하기 때문에 편리하다.

ⓘ 바쿠 시티투어 버스

📷 지하철(Metro) 안내표시(원형)와 사힐역 입구

📷 바쿠 지하철 에스컬레이터

📷 BakiKard(바쿠 교통카드) 전면

📷 Bakikard 후면

 Baki Card 구입 방법

공항, 지하철역 등에 Baki Card 발급기가 설치되어 있으며, 지시에 따라 진행하면 된다. 발급기에서 잔돈은 거슬러 주지 않고 투입한 액수만큼 충전이 되는 시스템이므로 사전에 잔돈을 준비해 조금만 충전시키는 것이 좋다.

버스와 버스, 버스와 지하철은 환승이 안 되기 때문에 매 탑승시마다 버스에 설치된 카드 인식기나 지하철 탑승구에서 카드를 인식시켜야 하며, 우리와 다르게 하차 시에는 태그를 안 해도 된다.

택시는 2011년 영국의 캡 택시를 본뜬 전용 캡 택시를 도입해 운영하고 있다. 5-10마나트이면 바쿠 시내 웬만한 곳을 다 갈수 있다.

시내 관광을 위해서는 바쿠 시티투어(Baku City Tour) 버스를 이용할 수 있다. 1층 또는 2층 관광버스인 시티투어 버스는 바쿠 시내의 주요 지점 16곳에 정차하며, 티켓은 1인당 20마나트이다. 티켓은 처음 탑승한 순간부터 24시간 유효하며 보고 싶은 곳에 하차하여 구경하고 다음 차를 타면 되기 때문에 한 번 구매로 시내의 중요한 곳은 거의 다 둘러 볼 수 있다.

바쿠의 중앙철도역(Central Railway Station)에서는 조지아, 터키 행 국제선뿐만 아니라 국내 주요지역도 연결한다.

4) 먹거리와 음식

음식은 조지아나 아르메니아와 비슷하다. 그러나 터키나 이란의 영향을 많이 받았다. 고기는 주로 양고기를 즐기고 소고기와 닭고기도 많이 먹는다. 소련시대의 영향으로 바쿠의 많은 식당에서 이슬람 교도들이 금기시하는 돼지고기 요리를 팔고 대부분의 사람들도 돼지고기를 먹는다고 하나, 아제르바이잔 전통식당들에서는 돼지고기 요리가 없었다.

카스피해에 인접해 있어 조지아나 아르메니아와 달리 생선요리가 많다. 특히 철갑상어가 생선 요리에 많이 사용되며, 바쿠에서는 세계적으로 유명한 카스피해산 벨루가(beluga) 철갑상어의 알인 블랙 캐비어(black caviar)를 맛볼 수 있다. 그러나 이곳에도 가짜가 많다고 하니 쉽사리 사먹을 일은 아니다.

또한 아제르바이잔은 다양한 기후대를 가지고 있어 야채의 종류가 매우 많으며, 음식에 다양한 허브와 향채들을 많이 사용한다. 현지인들은 술도 즐기나 차를 많이 마신다. 거리 카페에서는

📷 길거리 카페에서 차를 마시는 젊은이들

주전자에 차를 시켜놓고 물담배를 피우며 담소하는 젊은이들을 많이 볼 수 있다.

아제르바이잔 포도주로는 8세기~16세기 간 존재했던 왕국 이름에서 차용한 쉬르반(Shirvan)이라는 포도주가 있다. 마트라스와 카베르네 쇼비뇽 종의 포도로 만들어진 쉬르반 와인은 강열한 루비색과 부드러운 맛으로 유명하다.

빵 종류로는 코카사스에서 모두 즐기는 화덕에 얇게 구운 라바

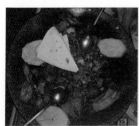
📷 사즈(sac)

📷 샤슬릭(우)과 아제르식 힝칼리(khinkali)

ⓘ 아제르식 닭고기 플롭　　　　ⓘ 아제르식 견과류 플롭

쉬(lavash)와 레뾰슈카가 대표적이나, 아제르바이잔에서는 레뾰슈카를 탄두르 브레드(tandoor bread)라고 부른다. 탄두르는 진흙으로 만들어진 화덕을 현지에서 부르는 말이다.

수프로는 양고기 조각을 야채와 함께 항아리에 끓여 내오는 피티(piti)와 양고기를 넣고 끓인 보즈바쉬(bozbash), 치킨 수프인 토유크 쇼르바시(toyuq shorbasi) 등이 있다. 양고기 대신 생선을 넣은 생선 보즈바쉬도 즐긴다.

육류음식으로는 양고기를 잘게 갈아 양념을 해 소시지처럼 둥글게 만들어 요리하는 율랴 케밥(lyulya kebab)이나 햄버거 패티처럼 만들어 토마토, 양파, 계란 등과 함께 커다란 팬에 요리해 내오는 타바 케밥(tava kebab)이 있고, 고기를 조그맣게 잘라 꼬치에 끼워 굽는 티케 케밥(tike kebab)이 있다. 바베큐 형태의 꼬치구이를 보통 샤슬릭(Shashlyk)이라고 하나 아제르바이잔에서는 티케 케밥이라고 한다.

고기를 잘게 썰어 감자, 양파, 버섯, 토마토 등과 함께 볶아서 요리하는 사즈(sadz, sac)도 우리 입맛에 잘 맞는다. 다진 고기를 양념하여 포도잎이나 양배추에 싸서 요리하는 돌마(dolma)도 인기 있는 요리 중 하나이다.

볶은 밥의 일종인 플롭(plov)도 매우 많이 먹는 전통음식이다. 중앙아시아에서는 플롭을 양고기 및 야채와 함께 볶아서 내오나, 아제르바이잔에서는 야채나 고기, 생선, 쌀 등을 따로따로 요리해 한 접시에 담아 내온다. 사용되는 원료에 따라 양고기 플롭, 닭고기 플롭, 생선 플롭 등 다양한 플롭이 있다. 다른 것을 많이 안 시키고 수프류와 플롭만 시켜도 훌륭한 식사가 된다.

아제르바이잔도 조지아, 아르메니아와 마찬가지로 각종 과일과 견과류, 자두류가 매우 풍부하며, 특히 감은 비타민과 영양소가 풍부해 '신의 음식(food of the gods)'이라고 불리며, 우리와 같이 곶감을 많이 만들어 먹

🎦 아제르 농촌의 감 말리는 모습

는다. 감 말리는 모습이 우리와 너무도 닮아 정겹다.

아제르바이잔 전통식당으로는 분수광장 보행자 거리에 있는 피루자(firuza) 레스토랑이 유명하다. 'firuza restoran' 위치는 T. Aliyarbeyov 14, Fountain square이다. 안트레코트 양고기(tike kebab) 2인분, 쇼르바시 수프, 와인 1잔, 석류쥬스, 빵(탄두르와 라바쉬) 등을 먹고 10% 봉사료를 포함하여 52.8마나트(약 4만원)를 지불했다. 10%의 서비스료가 포함되므로 팁 부담을 느끼지 않아도 된다.

피루자 식당 외에도 올드시티와 카스피해 연안에 좋은 식당들이 매우 많은데, 최고급 정통 아제르바이잔 음식을 즐기려거든 Shirvanshah museum restaurant(86, Salatin Asgerova str.)을 추천하고 싶다.

NIZAMI

NARIMAN NARIMANOV STREET

Alibay Huseynzadeh

Monument Azad Gadin

SALATIN ASGAROVA

Salatin Asgarova

Salatin Asgarova

Jalil Mammadguluzadeh

ACADEMICIAN SHAMIL AZIZBAYOV STRE

Mirza Fatali Akhundov

Zulfu Adigozalov

Zargarpalan

SHIKHALI GURBANOV STREET

Mirza Ibrahimov

Islam Safarli

Rasul Rza

Suleyman Ra

MAHAMMAD FUZULI STREET

SHAMSI

Abdulla Shaig

Suleyman Rahimov

Monument to Fuzuli

Winter park

MIRZAAGHA

Mirza Fatali Akhundov

Dilara

MIRZAAGHA ALIYEV STREET

Garayev

Mustafa Subhi

Molla Vali Vidadi

Rasul Bashir

Chingiz Mustafayev

MURTUZA MUKHTAROV STREET

AZERBAIJAN PROSPEKT

Tabriz Khalilrza oghlu

Islam Safarli

Alovsat Guliyev

GENERAL HAZI ASL

Lev Tolstoy

BASHIR SAFAROGHLU STREET

Said Rustamov

Zargarpalan

Mirza Ibrahimov

Yusif Mammadaliyev

Lev Tolstoy

Leopold and Mstislav Rostropovichs

Suleyman Taghizadeh

Nizami Ganjavi

Nigar Rafibayli

Haji Zey

Said Rustamov

Yusif Ibrahimli

Ahmad Javad

Tarlan Aliya

Monument to N.Narimanov

AHMAD JAVAD STREET

Monument to Nizami Ganjavi

Monument Natavan

AZIZ ALIYEV STR.

NARIMAN NARIMANOV STREET

SEYIDBAYLI STR.

Monument to Mirza Fatali Akhundov

ISTIGLALIYYAT STREET

Mirza

Alakbar Sabir

SHEYKH SHAMIL

Kichik Gala

Harbchi

Boyuk Gala

Gulla

Gulla

v gardashlari

HASAN

MEHDI HUSEYN STREET

ICHARI SHAHAR

Musa

Magomayev

Musa

Gadilli

Garay Asadov

Jafarov

gardashlari

Ilyas Afandiyev

Mirza

Mirza Shafi Vaze

Asaf Zeynalli

Haqiqat Rzaye va

Kichik

Gasr 1

ISTIGLALIYYAT STREET

Niyazi

Mikhail Lermontov

Philharmonic Park

Gasr 1

Gala 4

TEYMUR ELCHIN STREET

MEHDI HUSEYN

Park Shalala

Gala 2

NIYAZI STREET

BAKU

5) 볼거리

바쿠의 볼거리는 대부분 카스피해 연안을 따라 집중되어 있고 헤이다르 알리예프 센터(Heydar Aliyev Center)만이 중심부에서 조금 떨어져 있다.

<이체리쉐헤르(Icherisheher)>

흔히 올드시티(Old City)라고 불린다. 12세기에 축성된 성벽과 망루로 둘러싸인 쉬르반샤 왕국의 요새 도시로서 쉬르반샤 궁전과 모스크, 대상들의 숙소(Karavan-saray) 등이 보존되어 있고 전통예술극장, 박물관, 카페, 음식점, 호텔, 기념품점 등으로 아기자기하게 조성되어 있어 전혀 지겨운 느낌 없이 즐겁게 돌아볼 수 있다. 내부는 미로처럼 복잡하다.

이체리쉐헤르(Icherisheher)의 성벽은 천천히 걸어도 2시간이면 충분히 볼 수 있으나 내부를 자세히 보려면 하루가 부족할 수도 있다. 몇 군데 성채 출입구에 있는 이체리쉐헤르 안내 센터(Information center)에 가서 안내 팜플렛을 받아 지도를 보고 걸어가면서 관심 있는 곳을 자세히 들여다 볼 수 있다. 음성가이드 이어폰도 대여해 준다.

쉬르반샤(Shirvanshah) 궁전과 처녀탑(Maiden Tower)은 UNESCO 문화유산으로 등재되어 있다. 이외에도 대상들의 숙소였던 부하라와 물타니 카라반사라이(Bukhara & Multani Caravan-saray), 아제르바이잔 예술가 알리 샴시(Ali Shamsi)의 작업실, 초소형 책박물관(Museum of miniature books), 소련시대의 바쿠 출신 시인 알리아가 바히드(Aliaga Vahid) 흉상, 아제르바이잔 전통목욕탕인 아가 미하일 하만(Aga Mikhayil Haman), 주마 회교사원(Juma Mosque), 바일라

바쿠 올드시티 거리

바쿠 올드시티의 성곽

📷바쿠 출신 시인 바히드 흉상　　📷전통목욕탕 '아가 미하일 하만' 입구

르 모스크(Baylar Mosque) 등도 유명하다.

'아가 미하일 하만'은 현재도 운영되는 옛날식 그대로의 목욕탕
으로 여성은 월요일과 금요일, 나머지 요일은 남성들이 이용할 수
있다.

• 쉬르반샤(Shirvanshah) 궁전

이체리쉐헤르 서쪽 성벽 가까이에 위치해 있다. 15세기 쉬르반
왕국이 대지진으로 폐허가 된 샤마히(Shamakhi)에서 바쿠로 수도

📷바쿠 쉬르반샤 궁전 전경과 내부

를 이전하면서 건설한 것으로 아제르바이잔 건축물의 진주라고 말해진다. 궁전 전경이 10마나트 지폐의 도안으로 사용되고 있다.

- 처녀탑(Maiden Tower)

29.5m 높이로 카스피해와 면하고 있는 성벽에 12세기에 건설된 탑으로 올드시티뿐만 아니라 바쿠의 상징물에 해당한다. 4~6세기에 존재하던 탑 위에 처녀탑을 건설하여 12세기에 완성되었으

📷 처녀탑 전경

며 조로아스터교 사원의 탑이라는 주장도 있다. 처녀탑은 많은 에피소드와 전설을 담고 있으며, 발레와 연극의 주제로 많이 활용된다. 명칭과 관련해서는 옛날에 바쿠가 적에게 포위당했을 때 사람들이 이 '불의 사원 탑'(Fire Temple Tower)의 신성한 불에 기도하며 도움을 청하자, 탑 위에서 타오르던 신성한 불이 아래로 떨어졌고 그 속에서 불꽃색의 머리를 한 처녀가 나와 적을 물리쳤으며, 그 이래로 이 탑을 '처녀탑'이라고 부르게 됐다는 것이다. 아제르바이잔 5갸픽 동전의 도안으로 사용되고 있다.

• 알리 샴시(Ali Shamsi)의 작업실(workshop)
올드시티의 니자미 문학박물관 쪽 안내센터에서 올드시티 내 옛 거리(Kichik Gala street)를 따라 올라가다 보면 왼편에 현재 활동하는 아제르바이잔 예술가 알리 샴시(Ali Shamsi)의 작업실이 나온다.

📷 벽에 사자상을 형상화한 샴시의 작업실 입구

살아 있는 나무, 벽 등 모든 소재를 활용하는 그의 독특한 예술세계는 여행객들의 커다란 관심을 받고 있으며, 그의 작업실은 올드시티를 찾는 관광객들의 인기 관광코스 중 하나이다. 그의 작업실로 들어가 작품을 구경하고 작가와 사진도 찍을 수 있다.

• 초소형 책 박물관(Museum of miniature books)
올드시티 내 인기 관광지 중 하나인 바쿠 초소형 책(miniature books) 박물관은 전 세계 유일의 초소형 책 전문 박물관으로 소장자인 자리파 살라호바(Zarifa Salahova)의 개인 박물관이다. 살라호바는 64개국으로부터 수집한 6,500여점의 초소형 책들을 기반으로 2002년 박물관을 개원했다. 관람객들은 각종 희귀한 초소형 책들을 볼 수가 있다.

📷 올드시티 내 미니어처 book 박물관 입구

📷 미니어처 book 박물관 내부

📷 보행자 거리 인근의 니자미 문학박물관

올드시티(이체리쉐헤르)를 찾아가는 길은 지하철이 가장 쉽다. '이체리쉐헤르' 전철역에서 내리면 서쪽 입구가 바로 나온다. 다운타운에서는 걸어가기도 쉽다.

분수 광장(Fountain square) 보행자 거리 서쪽 끝에서 아제르바이잔 니자미[3] 문학박물관(Nizami Museum of Azer baijan Literature)을 끼고 우측으로 돌아 니자미 공원(Nizami Garden)을 지나면 바로 올드시티 입구가 나온다. 카스피해 공원 쪽에서는 처녀탑이 쉽게 보이므로 그곳으로 걸어가면 입구가 나온다.

<네프트칠라 대로와 카스피해 연안>

바쿠 시내 중심부와 카스피해 사이를 가르는 대로가 네프트칠라 대로(Neftchilar Avenue)이다. 서쪽 바일 구(Bayil district)에서 시작하여 동쪽의 자반쉬르 다리(Javanshir Bridge)까지 이다. 바쿠에서 제일 먼저 개발된 지역으로 가장 아름답고 비싼 지역이다. 이 대로상의 서쪽에 아제르바이잔 전통음악인 무감(Mugam) 센터는 물론 카페트 박물관(National Carpet Museum), 업랜드(Upland) 공원에 오르는 궤도열차 후니쿨라(Funicular) 탑승장, 처녀탑, 인형 극장(Puppet Theatre) 등이 있고, 동쪽 편으로는 정부 청사, 바쿠 힐튼 호텔과 호텔 건너편에 대규모 쇼핑몰과 영화관이 있으며, 조금 더 가면 여객선 터미널이 있다.

이 대로의 바로 뒤쪽에 올드시티와 보행자 거리, 아제르바이잔 국립역사박물관이 있고, 처녀탑과 힐튼 호텔 사이 중간 쯤에 사힐(Sahil) 전철역이 있으며, 앞쪽으로는 카스피해가 펼쳐진다.

---

3) 니자미 간드제비(Nizami Gandzevi, 1141-1209))는 12세기 아제르바이잔 최고의 철학자이자 시인으로 아제르바이잔의 문화수준을 크게 높인 인물로 추앙받고 있다.

ⓒ 바쿠 네프트칠라 대로 앞의 카스피해 해변

아제르바이잔 정부 청사

바쿠 후니쿨라 탑승장

　제정러시아 시대에는 알렉산드르 2세 콰이(부두), 소련 시대에는 스탈린 거리로 불리다가 스탈린 격하운동 후 오늘의 명칭인 네프트칠라(석유노동자) 대로로 바뀌었다. 네프트(Neft)는 러시아어로 석유를 의미한다.

　네프트칠라 대로와 카스피해 사이에는 녹지대가 조성되어 있으며 여러 군데 테마파크와 놀이공원이 만들어져 있어 바쿠시민의 사랑을 받고 있다. 네프트칠라 대로에 건널목이 없고 처녀성 앞 등 몇 군데 지하보도가 녹지대와 시가지를 연결한다.

녹지대 공원에서 서양장기를 두는 시민들

<분수 광장(Fountain square)과 보행자 거리>

분수 공원(Fountain Park)과 몰로칸 가든즈(Molokan Gardens) 공원 사이의 지역을 분수 광장(Fountain square) 지역이라고 하며, 분수광장 지역에는 니자미 거리(Nizami street)와 분수공원을 둘러싸고 넓은 보행자 전용 거리가 조성되어 있다.

이 보행자 전용 거리는 바쿠에서 가장 번화하며 우리의 명동과 인사동을 합쳐놓은 듯한 거리로 맥도날드, KFC, 스타벅스, 하드록 카페, 피자 등 우리에게 낯익은 상호들은 물론 아시아, 중동 등으로부터의 여러 나라 음식점들과 현지 카페, 기념품점 등이 몰려 있어 바쿠에서 제일 핫한 지역으로 꼽힌다. 밤낮으로 관광객들의 왕래가 끊이지 않는 곳이다. 밤에는 거리를 화려한 조명으로 밝혀 놓아 밤의 정취를 더한다. 보행자 도로 서쪽 끝에 KFC와 피자 전문점이 있고, 그 앞에 거리 미술 가판대들이 있어, 길거리 미술을 감상할 수도 있다.

📷 분수공원 앞 쇼핑 몰과 맥도날드점 앞

📷 바쿠의 보행자 거리 모습

📷 사람으로 붐비는 바쿠의 보행자 거리

바쿠 보행자거리의 분수

보행자 거리 서쪽 끝의 그림 가판대

올드시티는 물론 아제르바이잔 역사박물관, 문학박물관, 미술관, 고고학 박물관 등이 모두 이 근처에 있다. 또한 주말과 휴일에도 환전을 할 수 있는 규나이 은행(Gunay Bank) 환전소도 탁심 케밥(Taksim Kebap Fountains square) 레스토랑 옆에 있다.

<바쿠 국립 필하모니 홀(Baku State Philharmonic Hall)>
'이체리쉐헤르' 전철역에서 나오면 필하모니 공원이 있고 이 공원 내에 1912년 완공된 바쿠 국립 필하모니 홀이 있다. 몬테 카를로 오페라 홀을 본떠 디자인한 이 홀은 2개의 건물로 이루어져 있으며 바쿠 시내의 아름다운 건축물중 하나로 꼽힌다. 독립 후 새로 조성된 공원도 매우 아름답다

📷바쿠 국립 필하모니 홀

<순교자의 길과 하이랜드·업랜드 공원>

순교자의 길(Martyrs' Lane)은 현대 아제르바이잔에서 정치적으로 가장 중요한 장소 중 하나이다. 함께 붙어있는 하이랜드 공원(Highland Park)과 업랜드 공원(Upland Park)의 바로 위쪽에 있는 '순교자의 길'은 독립 초기 및 1992~94년 아르메니아와의 나고르노-카라바흐 전쟁에서 사망한 젊은이들의 묘역이다. 묘역의 제일 안쪽에는 "영원한 불꽃"이 타오르는 순교자 기념탑이 세워져 있다.

또한 1918년 볼셰비키 및 아르메니아 민병대의 바쿠 장악을 저지하기 위한 바쿠 전투에서 사망한 1,130명의 터키 병사들을 기리는 "터키 순교자 기념비"와 순교자 모스크가 세워져 있다.

순교자 기념탑은 외국 국가원수들이 바쿠를 방문할 때 헌화를 하는 곳이다. 순교자 묘역은 원래 1918년 3월 볼셰비키 및 아르메니아 민병대와의 전투에서 희생당한 아제르바이잔 이슬람교도들의 묘지였으나, 1920년 볼셰비키가 바쿠를 장악하고 소비에트 정

🔘 업랜드의 나고르노-카라바흐 전쟁 희생자 묘역

📷 업랜드의 순교자 기념탑

📷 바쿠 희생 터키군 기념비

📷 업랜드의 순교자 모스크

권이 들어서면서 묘역은 완전히 파괴되고 놀이공원으로 바뀌었다가, 1991년 아제르바이잔이 다시 독립하게 되면서 국가 영웅들의 묘역으로 다시 탈바꿈하였다. 신생 독립국 아제르바이잔의 대외 정책 방향과 국가 정체성을 확립하고 자주독립 의지를 고양시키기 위한 장소라고 할 수 있다.

업랜드 공원(Upland Park)의 전망대와 순교자 기념탑 부근은 바쿠 시내와 카스피해가 한눈에 내려다보이는 전망이 가장 좋은 지역으로 낮에는 물론 밤에도 관광객들이 많이 찾는 곳이다. 바쿠의 야경은 아름답기로 유명하다.

묘역 입구의 맞은편에는 현대 바쿠의 Land Mark 건물인 "불꽃 타워(Flame Towers)"라고 명명된 3쌍둥이 건물(호텔, 오피스, 주거동으로 구성)이 세워져 있고, 위쪽에는 마질리스(의회) 건물이 있다.

타오르는 불꽃을 형상화한 182m 높이의 이 빌딩들은 불을 숭배하는 조로아스터교의 발생지로서 '불의 나라'라는 아제르바이

◎ 업랜드로 올라가는 후니쿨라

잔의 이미지와 석유 도시 바쿠의 발전상을 상징하는 의미를 지니고 있다. 2012년 완공되었으며 건물 외벽이 LED 조명판으로 되어 있어 밤이면 각양각색의 빛을 발한다.

버스를 타고 '순교자의 길' 정류장에서 내리거나 또한 카스피해 연안의 아제르바이잔 카페트 박물관 근처의 바쿠은행 앞에서 산악 궤도철도인 후니쿨라(Funicular)를 타고 오를 수 있다. 후니쿨라는 10시부터 22시까지 운행하며, 월요일은 휴무이다. 요금은 1마나트이며 현금으로만 받는다.

<헤이다르 알리예프 센터(H. Aliyev Center)>

헤이다르 알리예프는 현 대통령 일함 알리예프(Ilham Aliyev)의 아버지로 구소련 공산당 정치국원을 지내다가 독립 후 혼란기에 대통령으로 추대되어 현대 아제르바이잔의 기틀을 세운 인물로 아제르바이잔 국민들로부터 국부로 추앙받는다.

헤이다르 알리예프 센터(H. Aliyev Center)는 알리예프 대통령 추모 박물관으로서 서울의 동대문 디자인 플라자를 설계한 세계적 건축가 자하 하디드(Zaha Hadid)가 설계한 작품으로 독특한 형태의 건축미를 자랑한다. 2014년 올해의 박물관 디자인상을 받은 작품이다.

건물 내부는

- 아제르바이잔의 정체성 모색과 형성을 주제로 한 회화 전시실
  (1층)
- 미니 아제르바이잔 역사 유물 전시실(2층)
- 아제르 민속악기와 민속의상 전시실(3층)
- 바쿠시내 주요건물 미니어쳐 및 초대 대통령 헤이다르 알리예

알리예프 센타 전경

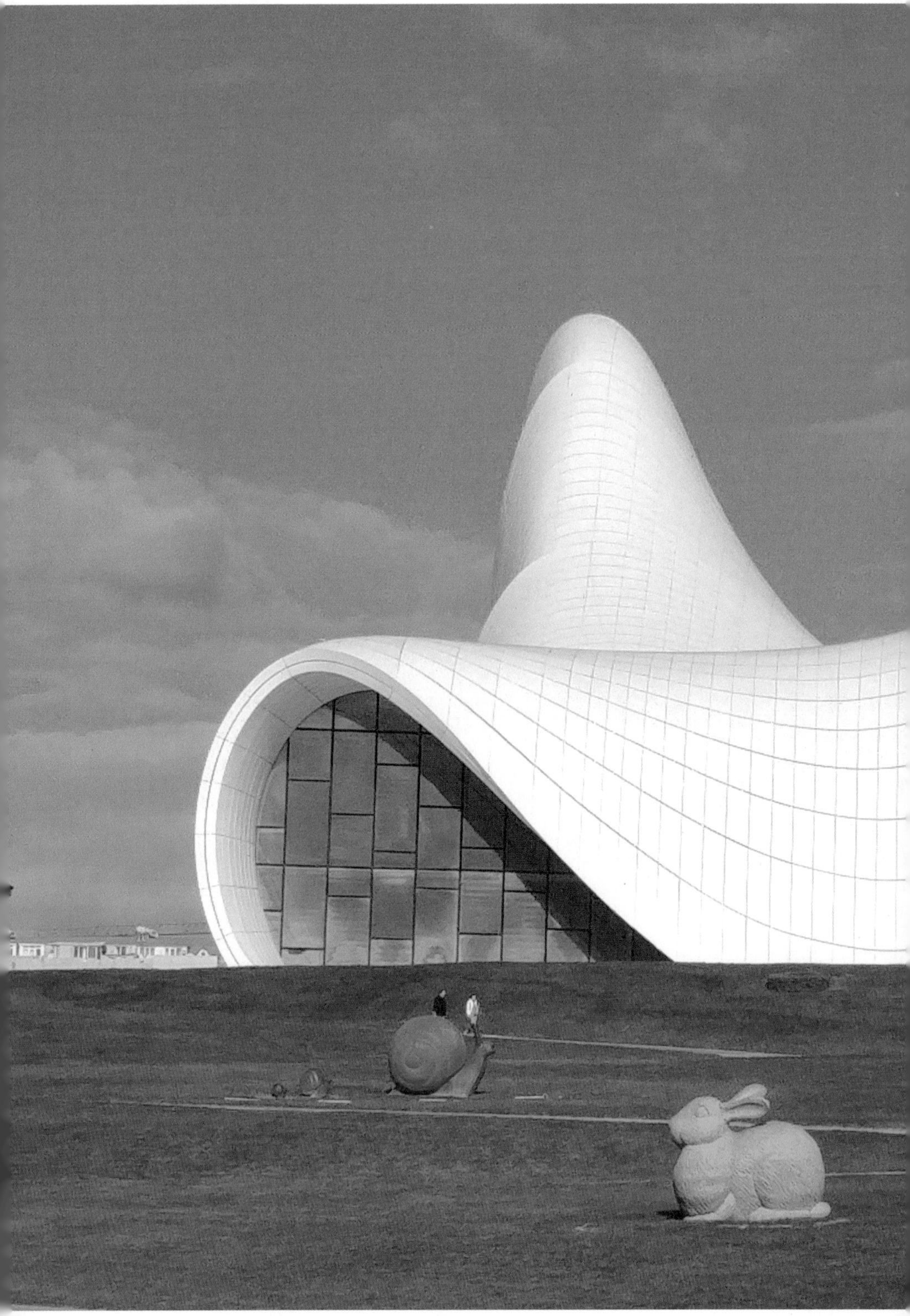

프 일대기 전시실(4층)

- 각종 인형 박물관(5층)

등으로 구성되어 있다. 헤이다르 알리예프 센타 입장료는 1인당 15마나트이며, 위치는 1 Heydar Aliyev prospekt, Baku이다.

<아제르바이잔 국립 역사박물관(National History Museum of
  Azerbaijan)>

아제르바이잔 국립역사박물관은 1920년 볼셰비키가 바쿠를 점령하면서 몰수한 당시의 아제르바이잔 오일 거부 하지 타기예프(Hadji Z. Taghiyev)의 집을 개조한 것으로 아제르바이잔에서 가장 큰 박물관이다. 선사시대 유물부터 고대와 중세 아제르바이잔의 역사적 유물 등 아제르바이잔 땅에서 발굴된 주요 유물들이 전시되어 있으며, 현대사 파트에는 1918년의 아제르바이잔 민주공화국 수립과 오늘날의 아제르바이잔 공화국 수립의 역사들이 전시되어 있다. 위치는 4 Hadji Zeynalabdin Taghiyev street, Baku이다. 지하철 사힐(Sahil) 역에서 가깝다.

<아제르바이잔 카페트 박물관(Azerbaijan Carpet Museum)>

1967년 개관한 카페트 전문 박물관으로 처음에는 올드시티의 주마 모스크(Juma Mosque)에 있었으나, 2010년 아제르바이잔 카페트가 UNESCO에 의해 인류 무형유산의 진수로 선포되면서 카스피해 연안에 별도의 건물을 지어 2014년 현재의 위치로 옮겼다. 세계에서 가장 많은 아제르바이잔 카페트의 컬렉션을 보유하고 있으며, 전통 카페트 직조기술 및 응용기술의 교육기관이기도 하다.

전시물은 17-20 세기의 전통 카페트뿐만 아니라 청동기 시대로

📷 아제르바이잔 국립박물관 전경

📷 아제르바이잔 국립박물관 전시실 내부

📷 아제르바이잔 카페트 박물관

부터의 보석 및 장신구류, 자기류, 전통 의류 및 자수 제품 등이
망라되어 있다. 이체리쉐헤르 전철역에서 가깝다. 입장료는 7 마
나트 이며, 월요일은 휴관한다.

📷 바쿠의 비비 헤이바트 모스크

<비비 헤이바트 모스크(Bibi Heybat Mosque)>

비비 헤이바트 모스크(Bibi Heybat Mosque)는 13세기 쉬르반의 파루흐자드2세(Farrukhzad II)에 의해 건립된 시아파 회교사원으로 이 지역 무슬림들의 정신적 중심지 중의 하나이며, 아제르바이잔 이슬람의 기념비적 건축물 중 하나이다.

이 모스크는 예언자 무함마드의 직계손인 7대 시아파 이맘 무사 알 카짐(Musa al Kazim)의 딸 우케이마 하눔(Ukeyma Khanum)의 무덤 위에 건립된 것이다. 제정 러시아 말기 이 지역에서 대대적으로 유전이 개발되면서 방치되어 있다가 공산혁명 후 1936년 볼셰비키에 의해 완전히 파괴되었던 것을 아제르바이잔 독립 후인 1999년에 복구를 완료한 것이다.

시 중심부에서 남쪽으로 8km 정도 떨어진 비비 헤이바트 거리(Bibi Heybat road) 끝에 있으며, 시내 중심부에서 노선버스가 있다.

8. 아제르바이잔 지방 명소

바쿠 주변이 반사막으로 이루어져 있어 바쿠를 제외하고 볼 만한 유적지나 관광지가 많지 않다. 고대 암각화 유적 '고부스탄(Gobustan)', 진흙이 흘러내려 굳은 휴화산인 '진흙 화산(Mud Volcano)', 조로아스터교 사원 '아테슈가(Ateshgah)', 불타는 산 '야나르 닥(Yanar Dag)' 등이 바쿠 교외 멀지 않은 곳에 있으며, 시내에 있는 현지 여행사에서는 이들 4곳과 시내에 있는 모스크와 '알리예프 센터(H. Aliyev Center)'를 포함하는 1일 관광 상품을 제공하고 있다. 그룹 관광은 1인당 45~50마나트 이다. 이들 지역을 몰로칸 가든즈(Molokan Gardens) 공원에 있는 개인택시를 이용할 경우 100

📷 비비 헤이바트 모스크 내부

마나트 정도의 비용으로 돌아볼 수 있다.

　<원시 유적지 고부스탄(Gobustan)>
　고부스탄은 바쿠 남쪽 카스피해 연안길을 따라 이란 방향으로 50km 정도 떨어진 곳에 있는 고대 인류의 암각화 유적으로 UNESCO 인류문화유산으로 등재되어 있다.
　고부스탄 암각화 유적은 크게 두 부분으로 나누어지는데 하나는 선사시대 박물관과 선사시대 주거지 모형, 또 다른 하나는 카스피해가 내려다보이는 나지막한 바위산 언덕 위의 바위 덩어리들에 새겨진 각종 암각화군 들이다.
　31㎢에 이르는 방대한 면적이 보존구역으로 지정되어 있으며, 박물관에서 원시인들의 생활상과 유적들을 둘러보고, 개방된 암각화 지역으로 걸어 올라가 실제 암각화들을 볼 수 있다.
　암각화는 양과 산양, 소, 말, 뱀 등 각종 동물들과 사냥하는 사람, 춤추는 사람들의 모습, 배 등 다양하며, 지금까지 총 6,000점에 이르는 암각화가 발견되었다. 이들 암각화들은 약 2만 년 전인 중석기 시대부터 그려지기 시작하여 BC 4000~2000년 사이의 청동기 시대에 가장 활발하게 그려진 것으로 보고 있다.
　1세기에 로마 도미티아누스 황제의 7군단이 이곳에 들렀었고, 14세기에 페르시아의 Imad Shaki가 이곳에 들러 기도하고 간다는 명문이 각각 발견되기도 했다는 점에서 과거에는 이곳이 신성한 장소로 여겨졌다고 한다.
　바쿠 시 중심가에서 승용차로 1시간 정도 소요되며, 입장료는 5마나트이다. 가는 길은 편도 3차선의 고속화 도로로 좌측은 카스피해 연안을 따라 주택과 휴양시설 및 일부 공장 등이 눈에 뜨이

📷 고부스탄에서 발굴된 석기들

📷 고부스탄 선사유적 박물관

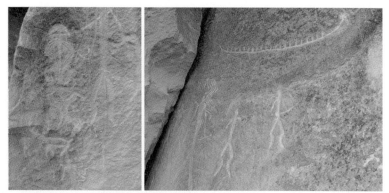

📷 고부스탄 암각화(각종 동물들)　　📷 고부스탄 암각화(배와 사람)

📷 고부스탄 암각화 유적지 전경

고 가까운 바다에 일부 석유 채굴시설 등이 보이나, 우측 내륙 쪽에는 나무 한그루 풀 한포기 없는 반 사막지대에 석유시추 펌프와 정제시설들만 가득하다. 바쿠 유전의 최대 투자자인 영국계 석유회사 BP와 아제르바이잔 석유회사 SOCAR의 소유 시설들이라고 한다.

이 길을 따라 약 200km를 계속 내려가면 이란이 나온다.

<아테슈가(Ateshgah) 불의 사원(Fire Temple of Baku)>
바쿠 시내 중심부에서 30km 떨어진 압셰론 구(Absheron District) 수라하니(Surakhani) 마을에 17~18세기 인도의 조로아스터교 신자들이 건립한 조로아스터교(배화교) 사원이 있다. 당시에는 카스피해 지역과의 교역을 위해 인도인들이 많이 왔었고, 인도 북부의 조로아스터 교인들은 물론 불을 신성시하는 시크교도나 힌두교도들도 땅으로부터 불이 솟아나는 이곳을 성지로 생각했다. 그러나 19세기 말에 이 지역에 석유회사가 건립되고 대규모 시추가 이루어지면서 인도인들이 급격히 줄어들고 사원은 버려졌다. 1975년에 이 사원은 박물관으로 개조되고 아제르바이잔의 역사·건축 유산으로 지정되었다.

사원 중앙에는 4각형의 제단이 있고 이곳에서는 '영원의 불'이 타오른다. 자연적인 영원의 불꽃은 소련시대 주변에서 석유 시추가 지속되면서 1969년에 꺼졌고 지금은 인공 가스 파이프를 통해 불을 밝히고 있다.

이 신전은 바쿠 올드시티 내 처녀탑에서 가까운 곳에 있는 인도의 대상들 숙박지 물타니(Multani) 카라반-사라이(karavan-saray)와 함께 아제르바이잔과 인도의 밀접한 교류를 입증하는 것으로 언

📷 진흙 화산을 배경으로 한 고부스탄 유적지 가는 길가 풍경

🎦 아테슈가 불의 사원 전경

레스토랑으로 바뀐 물타니 카라반 사라이

급된다.

아테슈가 불의 사원은 시내 중심가에서 동쪽 헤이다르 알리예프 국제공항 방향으로 23km 떨어져 있으며 택시로 30분 정도 소요된다. 입장료는 5마나트이다.

<땅에서 불이 솟는 야나르닥(Yanar Dag)>

야나르닥(Yanar Dag)은 '불타는 산'이라는 뜻으로 땅속에서 가스가 나와 모닥불처럼 불꽃이 발화하여 타는 곳으로, 1950년대 한 목동에 의하여 우연히 불이 붙여진 이래 계속 타오르고 있다. 불길이 높을 때는 3m까지 치솟는다. 바쿠 인근에서도 보기가 쉽지 않은 자연발화 불꽃이다.

바쿠에서 북쪽으로 25km 떨어진 압셰론구 마함마들리(Mahammadli) 마을에 위치해 있으며, 택시로 40분 정도 소요된다.

🔲ⓒ 야나르닥의 자연적으로 솟아나오는 불꽃

20~30마나트면 시내에서 택시를 대절하여 아테슈가와 야나르닥을 다녀올 수 있다.

<고대 쉬르반의 수도 샤마히(Shamakhi)>
셰마하(Shemakha)라고도 불린다. 바쿠 서쪽 대코카서스 산맥 자락 아래에 있는 샤마히는 8세기~15세기 쉬르반 왕국의 수도였으며, 코카서스 실크로드 상의 가장 중요한 도시 중 하나였다. 16세기 초 이란의 사파비 왕조에 점령당한 후 18세기부터는 레즈긴인의 약탈, 러시아의 침입(1723), 오스만투르크의 점령(1723-41), 이란의 재점령(1742), 러시아의 병합(1813) 등 정치적 혼란기의 중심에 있었다. 러시아 병합후에는 샤마히주의 주도였으나 1859년 대지진으로 완전히 파괴된 뒤 주도를 바쿠로 옮겼다. 지진대에 위치해 있어 대지진이 자주 일어나 파괴되고 재건되기를 반복했다. 2019년 2월에도 인근에서 지진이 있었다.

📷 샤마히 댄서들

📷 샤마히 카페트(카페트 박물관)

10세기에 건축되었으며 8번의 대지진에도 살아남은 주마 이슬람사원(Juma Mosque of Shamakhi)[4]이 있다.

샤마히 댄스와 카펫으로 유명하며 이곳에서 제작된 15세기와 17세기의 쉬르반과 샤마히 카펫은 터키 이스탄불과 미국 필라델피아의 박물관에 보존되어 있을 정도이다. 많은 유적들이 남아있으며 보석, 목공예품 등 각종 공예품들 또한 유명하다.

이외에 대코카서스 산맥 아래에 형성된 셰키(Sheki), 구바(Guba), 이스마일-라기즈(Ismailli-Lagich), 가발라(Gabala) 등의 지방도시들이 있으나 관광객이 바쿠에서 시간을 내어 가보기에는 다소 멀고 볼거리가 부족하다.

---

4) 주마 모스크의 아름다운 모습에 대해서는 앞서 기술한 '아제르바이잔 역사 개관' 편에 나와 있다.

부록

코카서스 3국 가는 길

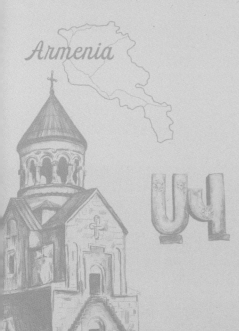

CAUCASUS

1. 항공노선 선택

코카서스 지방으로 가는 항공편은 여러 경로를 택할 수 있다. 조지아 수도 트빌리시나 아제르바이잔 수도 바쿠 또는 아르메니아 수도 예레반 중 한 도시를 통하여 그 지역으로 간 후 이웃 국가들을 여행하는 방법이 가장 적절하다. 물론 조지아나 아르메니아, 아제르바이잔 중 특정한 한 나라를 가려 할 경우에는 트빌리시나 예레반, 바쿠로 직접 날아가서 그 나라를 둘러보면 된다. 그러나 한국에서 코카서스 국가들로 가는 직항노선이 없어 최소한 다른 나라 1개국 이상을 경유해야만 하여 비행시간이 많이 걸리므로 시간이 허락한다면 3개국을 일주하는 여행일정을 짜는 것을 권하고 싶다.

코카서스 3개국을 일주하는 여행은 특정 국가를 거점으로 하여 그곳에서 주변국을 둘러보거나, 3개국을 순회하는 일정을 짜서 여행하는 방법이 있을 수 있다. 이중 어느 나라를 먼저 선택하여 코카서스 지방을 여행할 것인지는 각자의 상황과 방문 시기에 따라 달리 선택할 수 있지만, 가장 시간을 아끼고 중복 이동을 줄이는 방법은 서울-아르메니아 예레반, 예레반-조지아 트빌리시, 트빌리시-아제르바이잔 바쿠, 바쿠-서울의 다구간 항공편을 구매하여 이용하는 것이 가장 편리해 보인다. 이 경우 예레반-트빌리시 구간은 항공편을 이용하지 않고 버스나 기차 등 육상교통을 이용할 수 있다. 예레반-트빌리시 간 육상교통은 비용이 매우 저렴할 뿐만 아니라 거리도 그리 멀지 않아 시간도 항공편에 비해 크게 허비하지 않으며 무엇보다도 아르메니아와 조지아 양국의 지방 모습들을 둘러볼 수 있는 기회를 제공한다는 점이 매력이다.

필자의 경우에는 서울에서 트빌리시로 가서 트빌리시를 거점으로 조지아 지방들을 여행하고 소형버스로 예레반으로 가서 아르메니아를 둘러보곤 다시 트빌리시로 돌아와 항공편으로 아제르바이잔 바쿠에 다녀오는 일정을 택했었다. 다구간 항공편을 구매하거나 필자처럼 특정지역을 거점으로 하여 이동하던 간에 비용에서는 별 차이가 없다.

필자가 위에서 서울-예레반, 예레반-트빌리시, 트빌리시-바쿠, 바쿠-서울 일정을 경제적 노선으로 제시한 것은 예레반-트빌리시와 트빌리시-바쿠 구간을 필자처럼 왕복이 아니라 편도만 여행하면 되어 시간이 절약되고, 더욱이 아르메니아와 아제르바이잔 간에는 역사적 갈등과 원한(앞에 상술)으로 인하여 국경이 전면 봉쇄되어 있고 직항로도 없기 때문이다. 또한 모스크바를 경유할 경우 서울-트빌리시 항로 보다는 서울-예레반 구간 비행시간이 환승(transit) 대기시간이 짧아 1시간 반 정도 절약된다.

서울에서 조지아나 아르메니아로 가는 항공편은 1회 경유노선의 경우 모스크바 경유 러시아 아에로플로트 항공, 카타르 도하 경유 카타르 항공, 터키 이스탄불 경유 터키 항공 등이 대표적이며, 시간과 비용 면에서 모스크바 세레메체보 공항(SVO)을 경유하는 노선이 가장 합리적이다. 물론 서울-모스크바 간에는 대한항공을 이용해도 좋다. 아에로플로트 항공은 모스크바-트빌리시 구간이나 모스크바-예레반 구간에 Airbus 320 등 최신 기종을 투입하고 있으며, 세레메체보 공항에서의 환승(Transit)이 서울-모스크바 구간 운행 터미널인 D터미날에서 같이 이루어져 환승의 어려움과 불편함이 거의 없다. 다만 모스크바에서 트빌리시 행 비행기가 밤 10시 10분에 출발해 익일 새벽 1시 40분에 트빌리시(시차가 모스크바 보다 1시간 빠름)에 도착하기 때문에 시내로 들어가는 버스가 없어 택시를 이용해야 하며 숙소도 사전에 인터넷 등을 통해 예약을 해놓아야 한다. 중급 이상의 호텔에서는 직접 예약을 할 경우 도착 시 공항 출영(pick up)을 요청하면 무료로 해주기도 한다.

서울에서 아제르바이잔 바쿠로 갈 경우에는 대한항공과 아제르바이잔 항공이 공동 운행하는 북경 경유 노선이 15시간 소요로, 16시간이 소요되는 도하 노선보다 유리하다. 다만 코카서스 어디를 가던 중국 우름치를 경유하는 노선은 가급적 피하는 것이 좋다. 신강-위구르 지역의 분리 독립운동으로 인한 정치적 긴장으로 화물과 공항검색이 매우 까다롭기 때문이다.

2. 비자와 출입국

조지아와 아르메니아는 우리나라가 양국 국민들에게 무비자 입국을 허용하지 않고 있으나, 그들은 한국인에 대해 외교관은 물론 일반인들에게도 무비자 입국을 허용하고 있다. 무비자 체류기간도 매우 길게 주고 있고, 최근의 한류 영향으로 한국에 대한 호감도가 증가하고 있어 공항이나 국경에서 아주 쉽게 통과시켜 준다. 이들 국가에 입국비자가 필요한 국가들도 공항이나 국경에서 도착비자를 내주고 있는 등 외국인 관광객 유치를 위한 다양한 노력들을 기울이고 있다.

다만 아르메니아내 '나고르노-카라바흐 지역(아르짜흐 공화국)[1]'과 아르짜흐 공화국 수도인 스테파나케르트 지역을 여행하려면 스테파나케르트에 도착하여 별도의 도착비자(비자 비용 4,000드람)를 발급받아야 한다.

아제르바이잔 입국에는 비자가 필요하다. 여행 전에 한국 주재 아제르바이잔 대사관에서 비자를 받는 것이 편리하나 비자를 받지 않고 입국하더라도 한국과 일본·중국·터키·이란 등의 국민들에 대해서는 공항에서 도착비자를 발급해 주어 큰 어려움은 없다.

도착비자는 신용카드가 없을 경우에는 비자발급 창구에서 현금(한국인의 경우 비자 fee 1인 26US$)을 내고 발급받으며, 카드로 발급받을 경우에는 e-visa 발급기에서 여권을 스캔하면 자동으로 인

---

1) 아르메니아와 아제르바이잔 사이의 분쟁지역인 나고르노-카라바흐 지역은 구소련으로부터 독립 당시 아제르바이잔 영토였으나, 양국 간 전쟁을 통해 현재 아르메니아가 점령하고 있으며, 이 지역 아르메니아인들은 동 점령지역을 아르메니아 내 자치국가격인 '아르짜흐 공화국(Republic of Artsakh)'으로 선포하고 준독립 상태를 유지하고 있다.

적사항 등이 나오고 추가로 전화번호와 체류지 등 몇 가지 질문에 답한 후 발급받으면 되며 입국 수속 현장에 출입국 관리들이 나와 비자발급을 도와주고 있어 큰 어려움은 없다. 체류지는 자신이 머무를 호텔을 기입하면 된다.

다만 버스나 기차를 타고 입국을 하려 할 경우에는 도로 국경이나 철도 국경에서 도착비자를 발급해 주지 않아 사전에 비자를 발급받지 않고는 입국할 수 없다. 그러나 아제르바이잔 정부는 관광객 유치 노력의 일환으로 e-visa 시스템을 잘 구축해 놓고 있어 아제르바이잔으로 여행하려는 사람들은 세계 어디서나 온라인 비자 발급이 가능하다.

아르메니아를 여행하고 아제르바이잔에 입국하려는 사람들은 특별한 주의를 요한다. 아르메니아를 여행했다는 것이 문제가 되지는 않으나, 아제르바이잔과 아르메니아가 영토분쟁을 벌이고 있으며 현재 아르메니아가 점령하고 있는 '나고르노 카라바흐 지역(아르짜흐 공화국)'을 여행한 외국인에게는 비자를 발급받았더라도 아제르바이잔 입국을 거부하기 때문이다.

<아제르바이잔 비자 발급 방법>
아제르바이잔 입국 e-visa를 인터넷을 통해 받을 경우, 웹 주소 www.mfa.go.az 로 들어가 1페이지 우측 하단의 『asan visa/ Republic of Azerbaijan e-visa Portal』로 들어가거나 "https:// e-visa.gov.az/en/"로 들어가서 "Standard e-visa"(녹색배너)와 "Urgent e-visa"(적색배너) 중 하나를 선택하여 지시대로 하면 되며, 비자 Fee 지불을 위해 신용카드나 현금카드가 꼭 있어야 한다. 다만 Standard e-visa 신청 시 처리기간이 3근무일이 소요되므로

최소한 입국 4일 전에는 사이트에 들어가 신청을 해야 한다. 비자 fee는 20US$로 공항에서 도착 비자를 받는 것보다 6$ 저렴하며, 발급된 비자는 e-mail 주소로 보내준다.

서울 한남동에 아제르바이잔 대사관이 있으나 접근성이 별로 좋지 않고 영사과가 문을 열지 않는 경우도 있어 집에서 e-visa를 신청하여 발급받는 것이 편리하다.

여행 중 일정을 변경하거나 급하게 아제르바이잔에 들어갈 일이 생겨 비자를 급하게 받아야 할 경우에는 Urgent e-visa 시스템에서 급행비자를 신청하면 주말에 관계없이 3~4시간 내에 비자를 발급받을 수 있다. 이 경우에는 비자 fee가 50US$로 다소 비싸다.

다만 아제르바이잔 e-visa 신청 시에는 영어, 아제르어, 러시아어, 독일어, 프랑스어, 스페인어, 이태리어, 아랍어, 이란어 등 9개국 언어로만 작성이 가능하며 한국어 양식은 아직 없다.

아제르바이잔에 15일 이상 임시(temporarily) 체류하는 외국인이나 무국적자는 도착 후 15일 이내에 체류등록을 해야 한다. 체류 등록은 체류지에서 인터넷으로 www.migration.gov.az에 들어가 신청하거나 또는 지방 이민국이나 "ASAN service"에 직접 찾아가 체류등록을 신청해야 한다. 아제르바이잔이 조지아나 아르메니아 보다 입국과 체류를 엄격하게 통제하는 것은 아르메니아와의 끝나지 않은 전쟁 때문이다. 보통은 호텔에서 체류등록을 해준다.

아제르바이잔 입국 시에는 세관신고서를 작성해야 하며, 입국 시 작성한 세관신고서는 잘 간직하고 있다가 출국 시 세관원에게 제출해야 한다. 현금은 마음대로 가지고 들어갈 수 있으나 10,000US$ 이상은 신고를 해야 한다. 담배는 60개비, 술은 3리터

까지 반입이 허용된다.

3. 조지아, 아르메니아, 아제르바이잔 3개국간 이동

조지아 ↔ 아르메니아 간이나 조지아 ↔ 아제르바이잔 간에는 국경 통과를 해야 하지만 자유로운 여행이 가능하고 상호 왕래도 빈번하나, 아르메니아 ↔ 아제르바이잔 간에는 상호 국경을 봉쇄하고 있을 뿐만 아니라 항공편도 없어 현재로서는 양국 간 직접 이동이 불가능하다.

1) 조지아 트빌리시(Tbilisi) ↔ 아르메니아 예레반(Yerevan) 이동
트빌리시-예레반 간 거리는 290km이다. 트빌리시에서 예레반을 오가는 교통편은 항공편과 기차, 버스, 택시 등 다양하게 있어 자신의 취향과 상황에 따라 선택할 수 있다.

가) 항공편
항공편은 조지아 항공이 매일 오전 6시 트빌리시 공항을 출발하고, 예레반 공항에서는 오전 7시 출발하는 왕복노선을 운항하고 있고 비행시간도 30분밖에 소요되지 않으며, 편도 비용이 90US$ 정도에 불과해 부담 없이 선택할 수 있다.
시내 중심가에서 트빌리시 공항까지는 비용이 택시로는 20라리(약 8,400원)이나 버스는 0.5라리(약 210원)면 되며 시내에서 37번 버스가 공항까지 간다.

<트빌리시 공항에서 시내 이동>

트빌리시 공항에서 시내로 이동할 때는 "공항-자유광장-기차역"을 운행하는 37번 버스가 공항 출국장을 나오면 우측에 바로 있다. 버스비는 거리에 상관없이 1회 탑승에 0.5라리이며, 동전 또는 교통카드로 지불할 수 있으나 트빌리시 공항에서는 교통카드를 살수 없고 버스에 남자 안내원이 있어 현금으로 지불하는 것이 가능하다. 시내 중심가까지는 약 45분 소요된다.

📷 트빌리시 공항 청사 앞 37번 버스 사진

<예레반 공항에서 시내 이동>

예레반 즈바르트노츠(Zvartnots) 국제공항에서 예레반 시내까지는 15km로 택시를 타면 6,000드람이다.

나) 기차편

기차는 이틀에 한편씩 즉 격일제로 1회씩 운행하며, 철로시설이 노후되어 있어 11시간이나 소요된다.

트빌리시에서 예레반행은 Tbilisi Central Railway Station(전철역 Station Square II)에서 저녁 8시 20분에 출발하여 익일 아침 7시에 예레반에 도착한다.

가격은 1등석인 2인용 침대칸이 107라리, 2등석인 4인용 쿠페는 82라리이다. 트빌리시에서 예레반행 차비가 더 거리가 먼 바쿠행보다 비싼데 역무원들도 그 이유를 모른다고 한다.

예레반-트빌리시행은 예레반 시내 사쑨치 다비드(Sassountsi David) 지하철과 연결되는 예레반 중앙철도역(Yerevan Central Railway Station)에서 밤 9시 반에 출발하여 이튿날 아침 7시 50분 트빌리시 중앙철도역(Tbilisi Central Railway Station)에 도착한다. 2인용 침대칸은 41,600드람, 쿠페는 31,000드람이다. 항공편 보다 시간이 많이 걸리나 하루저녁 숙박비를 절약할 수 있는 장점이 있다.

🎞 예레반 중앙철도역 전경

다) 버스편

<트빌리시에서 예레반행 버스 타기>

버스는 고속도로가 아니라 편도 1차선의 시골길로 산악지역이 많아 총 6시간 정도 소요되며 트빌리시 시내에서 택시로 15분 거리(5-6라리)에 있는 트빌리시 동쪽의 Tbilisi Central Bus Station인 'Ortachala Bus Station'(1 Gulia street, Tbilisi)에서 출발한다. 트빌리시-예레반 왕복 미니버스(마르슈루트카)는 성수기에는 오전 9시와 10시 2회 출발하나 손님이 없으면 9시 한번만 출발한다. 트빌리시 자유광장 주변에서 동 버스정류장 까지는 택시를 타도 5라리만 주면 된다.

예레반행 마르슈루트카는 18인승 독일제 수동 미니밴으로 제작연도가 꽤 되어 보인다. 9시 차를 예약하고 30분 정도 일찍 도착하였는데 8시 50분이 되자 사람이 꽉 찼다고 바로 출발하였다.

'Ortachala Bus Station'에서는 예레반뿐만 아니라 바쿠행, 터키 이스탄불행도 출발하며, 또한 러시아 북코카서스와 러시아 남부의 주요도시들을 운행하는 버스들이 출발한다. 목적지별로 매표사무소가 있으며, 예레반행 매표소는 'Yerevan Office', 바쿠행 매표소는 'Baku Office'로 불리며 예레반 오피스의 전화번호는 (+995) 555-655-445[2]이다.

---

2) 본 책에서 전화번호 표기중 (+000)로 표기한 부분은 해당 국가의 국제전화 코드를 의미하며, 한국이나 타국에서의 국제전화시 사용하며, 해당국 내에서는 동 코드를 누를 필요가 없다.

📷 예레반행 미니버스(마르슈루트카)

📷 트빌리시 오르타찰라 버스 정류장 모습

<국경 통과>

트빌리시-예레반행 승합차는 트빌리시에서 1시간 40분 정도 평원을 달리면 조지아와 아르메니아 간 국경도시 사다흘로(Sadakhlo)에 도착하며, 차에서 내려 조지아 출국수속을 마친 후 아르메니아 국경도시 바그라타셴(Bagratashen) 검문소에서 아르메니아 입국수속을 거쳐야 하나 시간은 총 20분 정도 소요된다.

필자의 경우에는 아르메니아인이 트빌리시에서 유화 그림 20여 점을 가지고 타는 바람에 동인의 입국수속이 마치기를 기다리느라 2시간 가까이 허비하였다.

국경검문소를 통과한 후에는 아르메니아의 Akhtala - Alaverdi - Tumanyan - Vanadjor - Spitak - Dzrashen - Aparan - Ashtarak를 경유하여 예레반 버스 정류장(Yerevan Avto Bokjal) '킬리키아(Kilikia)'에 도착하는데 총 3시간 반 정도 시간이 걸린다.

킬리키아 버스정류장에서 예레반(Yerevan) 중심부까지는 택시로 5~6분 소요되며, 비용도 600~1,000 아르메니아 드람을 지불하면 되나, 킬리키아 정류장 내에서 택시를 타면 이런 저런 구실로

ⓒ 조지아-아르메니아 국경 조지아측 검문소 전경

4,000드람을 요구하는 등 엄청난 바가지를 씌우므로 큰길로 나가 택시를 잡는 편이 좋다.

<예레반에서 트빌리시행 버스 타기>
Yerevan-Tbilisi 구간 미니버스는 킬리키아 버스정류장에서 출발한다. 이 노선은 COMFORT ARMENIA 사에서 운영하는데 요금이 35Gel 또는 7,000 아르메니아 드람(Dram)으로 Tbilisi-Yerevan 구간보다 5 Gel이 더 비싸다.

동사의 운행 시간표는 Yerevan에서 8시 30분, 10시 30분, 13시, 15시, 17시에 있고, Tbilisi에서는 9시, 11시, 13시, 15시, 17시에 출발한다.

🔘 예레반 킬리키아 버스정류장

COMFORT ARMENIA 사의 전화번호는 예레반에서는

(+374 94) **92 92 81,**

(+374 43) **30 55 55,**

트빌리시에서는

(+995) (593) **229 554,**

(+995) (592) **408 800** 이다.

라) 택시

트빌리시의 'Ortachala Bus Station'에서는 개인들이 운영하는 예레반행 택시도 운행하는데 보통 4명이 차면 출발하며, 1인당 40 라리를 내라고 한다. 택시가 마르슈루트카 보다는 안락하고 편하지만, 처음 대하는 운전기사를 완전히 신뢰하기는 어려워 안전상으로는 여러 사람이 타는 마르슈루트카가 더 안전하다고 할수 있다.

2) 조지아 트빌리시(Tbilisi) ↔ 아제르바이잔 바쿠(Baku) 이동

가) 항공편

아제르바이잔 항공(Azerbaijan Airlines)과 부타 항공(Buta airways)이 바쿠-트빌리시-바쿠 간 노선을 매일 수회 운항하고 있으며, 트빌리시 공항에서 매일 11시 50분에 이륙하는 Buta airways를 이용할 경우 1시간 10분 후인 오후 1시에 바쿠공항에 도착한다. 최신 EMBRAER 190기종으로 짧은 비행시간에도 불구하고 점심으로 바케트 빵 샌드위치와 물을 주었고, 커피는 유료이다. 동 항공편은 산악에 눈이 내리기 시작하는 10월 말 이후부터 이듬해 3월

까지 코카서스 산맥의 설경을 만끽할 수 있다.

트빌리시 공항 이륙 후부터 보이기 시작하는 오른쪽 소코카서스와 왼쪽 대코카서스 산맥의 산들은 완전히 눈에 덮여 장관을 연출하며, 1시간 내내 백설의 산맥을 감상하며 비행하다가 바쿠에 가까워오면서 산맥이 서서히 없어지고 스텝 평원으로 바뀌면서 카스피해가 내려다보인다. 카스피해를 찌르며 들어가듯 돌출한 바쿠시는 스텝과 반사막의 평원에 세워진 도시로 코카서스 산맥으로부터는 상당히 떨어져 있다.

바쿠공항은 신축건물인 1터미널은 국제선, 오래된 2 터미널은 국내선이다. 입국 시 Passport control에서는 국경수비대 직원이 사진 촬영을 위해 한걸음 뒤로 물러서라고 요구하며, 조지아나 아

📷 바쿠행 기내에서 내려다보이는 대코카서스 설경(2018.10.27. LG G6 폰으로 촬영)

르메니아보다 보안 검사를 철저히 시행하여 상의, 혁대 탈착을 요구하고, 신발도 철저히 검색한다. 다만 신발 검사는 검사기에 신발을 신은 채 올려놓으면 검색되어 편리하다.

<바쿠 공항에서 시내 이동>

바쿠공항에서 23km 떨어진 바쿠 시내 중심가에 가기 위해서는 공항~시내 중심 을 운행하는 'Airport Express' 버스가 공항 출국장 바로 앞에서 출발하여 이를 이용하면 값싸고 편리하게 시내에 들어갈 수 있다. 차비는 1.3마나트에 불과하다. 택시는 20~30마나트를 요구한다.

바쿠에서 트빌리시행 비행기는 Airbus A319 항공기가 운행되며, 매일 오전 9시30분에 바쿠를 출발하여 10시 40분에 트빌리시 공항에 도착한다.

📷바쿠 공항의 Airport Express Bus

📷 바쿠 공항의 Airport Express Terminal 1 정류장

나) 기차편

기차는 예레반행과 달리 매일 출발한다. 트빌리시에서는 Tbilisi Central Railway Station역에서 매일 저녁 8시 35분에 출발하여 익일 9시에 바쿠역(Baku Railway Station)에 도착한다. 가격은 1인당 1등석(2인 침대칸) 89.56라리, 2등석(4인 침대칸) 52.22라리, 3등석(6인 침대칸) 35.23라리이다.

바쿠에서는 시내 중심가에서 택시로 약 13분 거리에 있는 Metro "28 May"역에 있는 Baku Railway Station에 도착하고 출발하며, http://addy.gov.az/에서 예약할 수 있다. Baku Railway Station은 트빌리시 외에도 모스크바, 키예프, 로스토프-나-도누 등으로 가는 국제선 철도역이다.

다) 버스편

트빌리시에서 바쿠행 버스는 'Ortachala Bus Station'에서 출발한다. 트빌리시-바쿠 구간에 대형 리무진 버스를 운행하며 매일 오전 5시와 저녁 6시 30분 등 2회 출발하는데 운행시간은 12시간 반이고 차비는 1인당 30라리이다. 저녁에 출발하는 버스는 차창 밖의 경치를 구경하기 어려우나 하루 숙박을 차안에서 하게 되어 여행시간과 비용을 절약할 수 있다.

바쿠에서는 자동차로 27분 거리의 Moskva prospekti에 있으며 지하철 Metro Avtovaghzal역 근처에 있는 시 북쪽 "Baku International Bus Terminal(Baki Beynelxalq Avtovagzal)"에서 탑승할 수 있고, e-mail : http://bbak.az/로 예약할 수 있다.

라) 택시

트빌리시에서 100US$를 주면 바쿠까지 택시도 운행하며, 안전을 담보할 수는 없으나, 바쿠로 내려가면서 북쪽에 있는 아제르바이잔의 지방 명소들을 둘러볼 수 있는 장점이 있다.

4. 부가가치세(VAT) 환급

1) 조지아

조지아에서는 모든 상품에 18%의 부가가치세(VAT)가 붙어 있으며, 외국인이 현지 화폐 200라리 이상의 상품을 구매하고 90일 이전에 국외로 반출하면 부가가치세를 환급해 준다. 부가세의 일부(20%)는 서비스 비용으로 환급에서 제한다.

모든 국제공항에서 부가가치세를 환급받을 수 있으나, 부가가치세 환급제도에 가입한 상점에서 구매한 상품과 영수증 및 환급신청서를 제출해야 하고, 구매한 상품이 부가세 환급을 위해 포장된 상태로 있어야 하며 뜯어서는 안 된다.

출국 전 세관 관리에게 보여주고 확인을 받아 은행에서 현금으로 환급받으면 되나 절차가 매우 까다롭고 시간도 꽤 걸려 충분한 시간을 가지고 공항에 나가야 한다.

2) 아르메니아

아르메니아에서는 부가가치세가 20%로 조지아나 아제르바이잔보다 높다. 외국인이 현지 화폐 50,000드람(부가세 포함) 이상의 물건을 사고 반출할 경우 20%의 부가가치세를 환급해 준다. 예레반의 큰 상점에서는 부가가치세 환급신청서를 작성해 주는 곳이 많다.

2017년 1월부터 VAT 환급 대상 물품구매 액수를 100,000드람에서 50,000드람으로 낮추고 환급장소도 국제공항은 물론 아르메니아-조지아 국경 등 국경 검문소(check-point)로까지 확대했다. 환급되는 부가세는 미 달러화나 조지아 라리, 현지 화폐로 현장에서 현금으로 돌려준다. 외국인들이 아르메니아에 와서 쇼핑을 많이 하도록 장려하려는 노력의 일환이다.

유의할 점은 국경검문소에는 별도의 부가세 환급 창구가 없으므로 출국 수속 체크-인을 하기 전에 세관 직원(Custom's officer)을 찾아 VAT 환급신청서와 구매한 물건과 전자 영수증을 보여주고 확인 도장을 받아서 은행 창구에 보여주고 돈을 환급받아야 한다는 것이다. 일단 체크-인 카운터를 지나면 환급을 받을 수 없다.

3) 아제르바이잔

아제르바이잔에서는 모든 상품에 18%의 부가가치세가 붙으며 외국인은 현지 화폐 300마나트(부가세 포함) 이상의 상품을 구매하고 90일 이내에 국외로 반출하면 부가세를 환급받을 수 있다. 부가세의 일부(20%)는 서비스 비용으로 환급에서 제외하기 때문에 실제로는 상품가의 15%를 환급해 준다.

아제르바이잔의 모든 국제공항에 부가세 환급(Tax Refund) 창구가 있으며, 출국 체크-인 전 이 창구에 가서 부가세 환급 신청서와 구매한 물건 및 전자영수증을 보여주고 확인을 받아 은행에서 현금으로 환급받으면 된다.

ⓒ바쿠 공항의 tax refund 창구

아제르바이잔의 부가세 환급제도는 2016년 7월부터 시행되고 있으며, 아직 국경검문소에서는 부가세 환급이 안 된다.

5. 전화와 인터넷

한국에서 사용하는 핸드폰(mobile phone)을 로밍하여 그대로 가져가서 사용하면 큰 불편은 없다. 큰 비용 지급 없이 인터넷도 가능하고 카카오톡이나 메시지 교환도 가능하다. 카카오톡을 사용하는 사람이라면 보이스톡으로 연결하면 가족들과도 별도 비용 없이 통화가 가능하다. 그러나 걸려오는 전화를 받든가 한국으로 전화를 걸어 급한 일을 처리하고자 하거나 대용량 메시지를 주고받으려면 통화비용이 많이 나온다. 따라서 현지에서의 통화 필요성이 많거나 여행하는 일행 간 통화 등이 필요하면 현지 통신사에 가입하여 핸드폰을 개통하여 사용하면 매우 편리하다. 더욱이 한국에서 사용하는 웬만한 사양의 폰들은 대부분의 국가들과 코카서스 3국에서 사용하는 핸드폰들과 기기의 호환성이 있어 현지 심카드(sim card)를 구입하여 심카드만 교체해 주면 바로 통화가 연결되어 별도의 단말기를 구입할 필요가 없다.

코카서스 3국 모두 공항에 도착하여 출국장을 나서면 제일 먼저 'SIM CARD'라고 쓰인 상점의 간판이 눈에 띈다. 여건이 되면 공항에서 환전하여 '심카드'를 사서 현지 전화를 개통하는 것이 가장 편리하다.

시내에 들어가면 우리나라처럼 곳곳에 있는 핸드폰 매장에서 핸드폰을 개통할 수 있는 것이 아니다. 통신사 지점에 가야만 심카드를 살 수 있을 뿐만 아니라 코카서스 인들이 비교적 게으른

📷 트빌리시공항 Beeline사 Sim card 판매소

📷 바쿠공항내 Mobile Sim Card 판매대

편이라서 통신사가 토요일, 일요일에는 근무를 하지 않아 평일 근무시간에만 심카드를 살 수 있어 불편하다.

조지아에는 주요 통신사로 Geocell, Magti와 러시아 및 CIS 전역에서 운영되는 Beeline이 있다. 이중 아무 통신사 매장에 들어가서 심카드를 구입하면 된다. 열흘 정도 국내에서 기본통화만 할 수 있는 4GB 용량카드는 심카드비 4GEL, 충전비용 5GEL 등 총 9GEL(한화 약3,800원)이며, 인터넷과 국제전화를 할수 있는 30GB 카드는 25GEL(한화 약 10,500원)이면 살 수 있으므로 매우 저렴하다고 할 수 있다. 여권을 보여주고 가입서류에 한국주소를 기입한 후 심카드를 구입하면 바로 현지 전화번호를 부여해 주고, 심카드를 교체하면 즉시 통화가 개통된다. 심카드 교체도 매장 직원들이 직접 해주어 심카드 교체용 핀 등 도구를 가지고 가지 않아도 된다.

아제르바이잔 통신사로는 Azercell, Bakcell, Nar 등 3개사가 있다. 아제르바이잔의 Sim-card는 전화+인터넷+개통비를 포함한 1GB 용량이 25마나트(Azn)(한화 약 16,600원), 30GB 용량은 55마나트(한화 약 36,600원)로 조지아 보다는 비싸다.

코카서스 3국에서 인터넷은 한국처럼 어디를 가든가 거리에서나 차 안에서나 건물 안에서든 자유롭게 사용할 수 있는 것이 아니라 일단 건물을 나오면 연결이 끊긴다. 따라서 호텔이나 숙소를 바꾸거나, 공항 등에 들어갈 때마다 비밀번호를 물어 wi-fi 연결을 새로 하여야 한다. 그래도 큰 호텔이나 공항 등에는 '설정'에 들어가 비밀번호 없이 '자동연결'을 누르면 연결이 되기도 한다.

C A U C A S U S

참고문헌

- "ИСТОРИЯ ГРУЗИИ(History of Georgia)"(Kakha Shengeliya 저, 카프카즈대학교 출판부, 2018, Tbilisi)

- Georgia Country of life(pamplet), 2014, Georgian National Tourism Administration

- TBILISI A HISTORY IN TALES, Alexandre Elisashvili, 2018, ARTANUJI Publishing

- 『호랑이 가죽을 두른 용사』, 쇼타 루스타벨리 저, 허승철 역, 2017, 문예림

- GEORGIA – CRADLE of Wine, wine road map, Ika Bokuchava and Iura Kandelaki, 2016, SVETI, Tbilisi

- https//en.wikipedia/History of Georgia(country)

- Яндекс.Картинки> currency of georgia

- Georgian National Tourism Administration, www.gnta.ge

- www.nationsonline.org/Map of Georgia, Armenia, Azerbaijan

- www.mofa.go.kr

- www.cia.gov/library/publications/resources/the-world-factbook/ CIA Maps

- I LOVE(♥) ARMENIA, #4 OCT-NOV 2018, "Hyur Service" Tour operator

- АРМЕНИЯ туристическая путеводитель, июль-август 2018, No.5, Тигран Мец, Ереван.

- HISTORY MUSEUM OF ARMENIA : Permanent Expositions, 2017, Tigran Mets, Yerevan, ISBN 978-9939-9172-0-7,

- TOURIST MAP OF YEREVAN(city centre), #discover Yerevan, 2018, Yerevan Map

- https//en.wikipedia/History of Armenia

- Яндекс.Картинки> currency of armenia

- Looking toward Ararat, Armenia in Modern History, Ronald Grigor Suny, 1993, Indiana University Press, Bloomington and Indianapolis

- www.armeniatourism.ru

- Ministry of Culture and Tourism of the Republic of Azerbaijan Home Page : www.mct.gov.az/en

- Яндекс.Картинки> currency of azerbaijan

- Яндекс.Картинки>azerbaijan national tourism administration

- 코카서스 땅, 기름진 불의 나라 아제르바이잔, 류광철 지음, 2009, 21세 기북스, 경기도

- simple.wikipedia.org> History of Azerbaijan.

역 사 와 문 화 를 통 한

코카서스 3국
들여다보기

초판 인쇄	2019년 6월 20일
초판 발행	2019년 6월 27일

지은이	윤창용
발행인	김인철
총괄 · 기획	가정준 Director, University Knowledge Press
편집장	신선호 Executive Knowledge Contents Creator
기획 · 물류	이현진 Planning Expert
도서편집	박현정 Contents Creator
사전 · 도서편집	정준희 Contents Creator
도서편집	장혜린 Contents Creator
재무관리	강현주 Managing Creator
발행처	한국외국어대학교 지식출판콘텐츠원
	02450 서울특별시 동대문구 이문로 107
	전화 02)2173-2493~7
	팩스 02)2173-3363
	홈페이지 http://press.hufs.ac.kr
	전자우편 press@hufs.ac.kr
	출판등록 제6-6호(1969. 4. 30)
디자인 · 편집	디자인퍼브 02)2254-4308
인쇄 · 제본	네오프린텍 02)718-3111

ISBN 979-11-5901-585-4   03920   정가 30,000원

*잘못된 책은 교환하여 드립니다.

역 사 와 문 화 를 통 한

코카서스 3국

들여다보기